新版 保育者・教師のための

子ども虐待防止マニュアル

The Manual for the prevention of child abuse

奥山眞紀子・浅井春夫 編
NPO法人 埼玉子どもを虐待から守る会

ひとなる書房

はじめに──第二版発行にあたって

　埼玉子どもを虐待から守る会が本書を1997年に編集してから10年以上がたち、第二版を発行することとなりました。この間に子ども虐待対応の現場では大きな変化がありました。その年に発表された1996年度の全国児童相談所虐待相談数は4,102件であったのが、2007年度に関する速報では40,618件と約10倍にもなっています。また、2006年の法改正で、市町村も通告先として重要な役目を果たすようになり、市町村への通告も急増していることを考えると、虐待での相談数はそれ以上に増加していると言えます。これは、一部に虐待そのものの増加もあるかもしれませんが、主として子ども虐待への社会の認識が高まってきたことを意味しているものと考えられます。

　そして、対応する側の大きな変化としては、2000年に制定された「児童虐待の防止等に関する法律」があげられます。すでに2回の改正が行われ、2006年の改正では児童福祉法も同時に改正され、虐待対応に対する市町村の役割が大きなものとなりました。また、同改正では市町村のネットワークとして「要保護児童対策地域協議会」が法律的に位置づけられました。現在、国会で改正が図られている新しい児童福祉法では施設内虐待への対応も盛り込まれる予定です。

　しかしながら、その原点はすべて本書に盛り込まれていたのです。ネットワークの重要性、専門家による虐待の問題などは本書が先駆的に取り上げていた課題です。現時点では対応が遅れている性的虐待も、今後大きな問題になることが専門家の間では予想されています。つまり、子

ども虐待という子どもに対する重大な権利侵害に対しての考え方はもともと本書に強く盛り込まれており、その原点はゆるぎないものです。そこで初版のコンセプトを重視しながら、新しい情報や新しく変化した制度に関する記述を加えることで大幅に改訂し、第二版といたしました。

　残念ながら、保育や教育の現場での虐待対応はまだまだ進んでいない地域も少なくありません。子どもは一人残らず幸せになる権利があります。それを守るために、子どもとかかわる人々が強い意識を持つことが求められています。そのために本書が役立つことを願っています。

　2008年6月

　　　　　　　　　　　　　　埼玉子どもを虐待から守る会　理事
　　　　　　　　　　　　　　　　　　　　奥山　眞紀子

目　次

はじめに

第1章　子ども虐待の理解のために ……………… 15

1──子どもへの虐待とは　16

1 ）子どもへの虐待の認識　16
2 ）虐待の定義　19
3 ）虐待の種類　20
　①身体的虐待　20
　②ネグレクト　21
　③性的虐待　21
　④心理的虐待　22
4 ）虐待の数　23
5 ）虐待を受けた子どもの心身の危険　24
　①身体的危険　24
　②知的発達に対する危険　25
　③精神的障害の危険性　25
　④繰り返し虐待を受けてしまう危険　26

⑤他者や自分を傷つける危険　26
　　6）虐待をする人の特徴　27
　　7）虐待が起こる要因　28

2——性的虐待とは　30

　　1）子どもへの性的虐待は何が問題なのか　30
　　2）性的虐待の定義と理解　31
　　3）性的行為とはどのような行為をさすのか　31
　　4）代理妻役を演じた、M子ちゃん－事例1－　32
　　5）性的虐待を受けた子どもの心理　34
　　6）性的虐待を受けている子どもの兆候　35
　　7）性的虐待に出会ったときには　36

3——専門職による虐待とは　37

　　1）はじめに ── 子どもの人権とは ──　37
　　2）専門職による虐待＝「体罰」事件の続発　38
　　3）しつけ・体罰・虐待の概念の整理　40
　　　①「体罰」は虐待のひとつ　40
　　　②体罰合理化論を考える　41
　　4）保育園におけるＳＩＤＳ（乳幼児突然死症候群）の本質　42
　　5）専門職による虐待の類型と実際　43
　　6）なぜ専門職が虐待に向かうのか　45
　　　①攻撃の意思が決定されるプロセス　45
　　　②専門職の虐待における心理過程　47
　　7）専門職の虐待をどうなくしていくか　48

第2章　子どもの虐待を発見するために………… 51

1──子どもの虐待発見の困難さ　52

1) 虐待は隠されている　52
2) 虐待の存在に対する社会の認識の低さ　53
3) 子どもの権利に対する社会の認識の低さ　53
4) 専門家の虐待に対する認識の低さ　54

2──どのようなときに虐待を疑うか　56

1) 疑うことが分岐点、疑いをたいせつに　56
2) 虐待の疑いは「不自然さ」への気づきから　56
3) 虐待に対する思い込みを排除する　58
4) 集団生活の場で虐待を疑わせる具体的状況　59
   ①子どもの状態　59
   　乳児／幼児／学童
   ②親の問題　64
   ③その他の状況　66

3──虐待を疑ってから初期対応まで　67

1) 虐待の証明は不要　67
2) 虐待というレッテルより子どもを守ることが重要　67

3）一人で抱え込まない　68
4）虐待に関する情報収集　68
　　①同僚からの情報を集める　68
　　②親からの話の聞き方　69
　　③子どもへの話の聞き方　69

4──まとめ　70

第3章　子ども虐待を発見、または気づいたり、… 71
　　　　　気になったときに

1──保育所・幼稚園・学校での対応　72

1）子どもの権利を守ることは保育者・教師の必須課題　72
2）いつでも、どこでも、だれでも虐待者になりうる現代社会　72
3）子ども虐待を発見するためのポイント　73
4）保護者とのかかわりで留意しておくべきこと　75
　　①虐待を繰り返す親の特徴　75
　　②日常場面での親とのかかわりで気をつけたいこと　77
5）子どもへの援助・ケアで留意しておくべきこと　78
　　①子どもが安心できるメッセージを　78
　　②専門職が留意すべきこと　79
6）虐待への介入・援助方法　79
　　①集団的検討課題　80

②親への援助内容—虐待に気づいたときの親への対応　81
7）虐待への対応で留意すべきことについて—保育所を例にして　83
①保育所の限界を知る　83
②通告は専門職であっても迷います—通告の方法と留意点—　84
8）虐待問題に園内でどう対応するか　85
9）事例研究をおこないましょう　88

2――関係機関との連携　90

（1）児童相談所・福祉事務所　90

1）児童相談所　90
①児童相談所とは　90
②児童相談所の機能と役割　91
③虐特にどのように対応するか　94
2）福祉事務所・市町村　98
3）事例の紹介　99

（2）保健所・保健センター　102

1）保健所・市町村保健分野（保健センター）の役割　102
2）専門職配置の利点と活用方法　102
3）具体的にできること　103
①虐待や育児不安の発見と発生の予防　103
②家族や子どもへの支援　104
③子どものことで一番困っている人への支援　105
④ネットワークづくり　105
⑤地域住民への啓発活動　106

4）連携のコツ　106
　　①だれに連絡を入れるのか　106
　　②どんなふうに依頼をするのか　107
　　③連携を維持するために　107

（3）医療機関との連携　109

1）医療機関とのつきあい方はむずかしい?!　109
2）医療機関での虐待を受けた子との出会い　109
3）院内の連携および他機関との連携システム　111
　　①緊急性の高い重症の虐待ケース　112
　　②放置しておくと子どもの成長発達に何らかの影響を及ぼす可能性のあるケース　113
　　③虐待の結果、精神的な症状が出現したケース　115
4）ソーシャルワーカーとしての虐待対応　116
5）連携をとるうえで配慮すべきこと　117

3──子どもの虐待をめぐる法的諸問題　120

1）発見から通告まで　120
　　①虐待の早期発見等　120
　　②虐待を受けたと思われる児童を発見した者の通告義務　120
　　③虐待の証明は通告者がする必要はない！　121
　　④守秘義務との関係は？　122
　　⑤虐待の証拠を残しておこう！　122

2）子どもと虐待者との分離　124
　　①虐待者との分離による子どもの保護の必要性　124

②安全確認　125
③保護者への出頭要求　126
④立ち入り調査　126
⑤保護者への再出頭要求　127
⑥臨検、捜索等　127
⑦児童相談所長による一時保護　128
⑧親権者の同意による施設入所等　129
⑨裁判所の承認による施設入所等（第28条の申し立て）　130
⑩面会または通信の制限　132
⑪接近禁止命令　132

3）親権喪失制度、親権者の変更等を利用する子どもの保護　133
①「親権」って何？　133
②親権喪失の宣告の申し立て　134
③親権者の変更　135
④審判前の保全処分（職務執行停止、職務代行者選任の申し立て）　135

第4章　子どもと家族への援助のために………… 137

1——子どもへの援助について　138

1）心構え　138
①被虐待児であることを忘れないこと　138
②人間への信頼感を回復してもらうこと　139
③子どもの人生に期待を持つこと　139

2）被虐待児を知る　140
　　①心的外傷（トラウマ）にかかわる問題　141
　　②対人関係の問題　144
　　③乱暴（攻撃性）の問題　145
　　④行動と社会性の問題　146
　　⑤心理的問題　146
3）子どもへの援助の実際　147
　　①子どもの身体の苦痛をとりのぞく　148
　　②安全・安心の確保　149
　　③心理的援助　151
　　　　a 環境療法的アプローチ　154
　　　　b 心理療法的アプローチ（トラウマワーク）　156
　　　　c 子どもへの心理療法　157
　　④きょうだいへのサポートおよびケア　159
　　⑤家族再統合　160
　　⑥援助者へのサポート　161

2——家族への援助内容　163

1）保育者による家族への援助——事例1　164
2）保健師による家族への援助——事例2　166
3）養護教諭による家族への援助——事例3　167
4）直接的な家族への援助の実際　168
5）家族（母親）へのアプローチ7カ条　170
　　①批評、批判はしない態度、言動で接すること　170
　　②吐き出された気持ちをそのまま受け止めること　170
　　③一番は「子どもの安全」。緊急事態への準備も怠りなく　171
　　④必要なときは、治療目的の専門機関の活用もすすめる　172

⑤第三者とのコミュニケーションの機会をすすめる　172
　　⑥育児に自信が持てるよう評価し励ます　173
　　⑦家族全体へのバランスをとる援助を　173
　6）たいせつな「チーム」を組んでの援助——事例4　174

第5章　子ども虐待を予防するために …………… 179

1——子どもへの虐待の防止につながるＣＡＰプログラム　180

　1）ＣＡＰとは　180
　2）プログラムの内容　180
　3）子ども虐待防止としてのＣＡＰ　183
　　①子どもワークショップ　183
　　②教職員向けワークショップ　184
　　③保護者向けワークショップでは　184
　4）これからのＣＡＰ　184

2——電話相談での対応　186

　1）電話相談（対応）の基礎　186
　　①まずは心とからだの健康を　186
　　②電話相談は複数構成員でおこなうもの　187
　　③「主訴」について　188
　　④「問いただす」より「問わず語り」を　188

13

⑤電話相談に向く人、だれ？　189
　　　⑥自己に対する内省を　189
　２）電話のことば　190
　　　①第一声が命　190
　　　②わかりやすいことばで　190
　　　③「正しい日本語」で　190

3──「産後うつ病」について　193

　１）「産後うつ病」って？　193
　２）Ｋさんのケースに学ぶ　194
　３）産後うつ状態・産後うつ病への対応　196

あとがき　198

＜資料編＞
　・相談窓口・機関について　202
　・児童福祉法（抜粋）　204
　・児童虐待の防止等に関する法律　212

・装丁／山田道弘　・表紙カバーイラスト／宮下珠美

chapter 1

子ども虐待の
理解のために

1 ── 子どもへの*虐待とは*

1 ●子どもへの虐待の認識

　子どもへの虐待（Child Abuse）が社会で認識されるようになってきたのはそれほど古いことではありません。社会の人々に知られるようになった初期のきっかけとして有名なのは1874年にアメリカ・ニューヨークで起きたメアリー・エレン事件です。しかしながら、そのことですぐに子ども虐待防止の運動が広まったわけではありません。

　子どもの虐待に対する社会の認識が遅かった背景には以下のようないくつかの理由があります。一つは、虐待が家庭という社会から見えにくいところでおこなわれており、現れにくいものであるからです。二つ目には、親の権利が子どもの権利より優先し、子どもは親の持ち物であるという感覚が社会的にあったことがあげられます。そして、三つ目の理由としては、親は子どもを愛するものという社会の中で作られたイメージがあり、同じ社会の中に自分の子どもをいじめる親がいるということを認めたくないという心理があるからです。これらの問題は現在でも十分に当てはまります。

　さて、アメリカでのそのような事件があっても、欧米での子どもへの虐待に関する認識が一般の人々の間で急速に高まったのは1960年代になってからです。アメリカでは1946年にカフェー（Caffey）という小児レントゲン科医が骨折と頭の中に出血のある子どもたちが存在することを発表し、それが親に乱暴をされた子どもたちであることがわかっていました。そして1962年に小児科医のケンプ（Kemp）が「殴打された子どもに見られる症候群」（Battered Child Syndrome）という論文

を出したのがきっかけとなり、身体的虐待を受けた子どもたちへの社会的認識は急速に高まっていきました。

その結果、アメリカでは各州で子どもを虐待から守るための法律が整備されました。そこでは、子どもにかかわる専門家が虐待を発見したときの報告が義務づけられ、報告したことが虐待でなくても責任は問われないようになりました。そのような過程の中で、ネグレクトや心理的虐待などに関しても子どもを保護する対象と考えられるようになり、さらに1970年代後半になると、性的虐待に対する認識が高まり、1980年代に入り性的虐待の通告数が急増しました。

アメリカでは1990年代半ば頃から、徐々に通告数の減少がみられるようになりました。はじめ1994年に性的虐待の通告数の減少がみられるようになり、その後、身体的虐待やネグレクトの通告数も減少しました。それがほんとうに虐待数の減少を反映しているものかどうかは議論があるところですが、研究者の中にも実際に減少していると考えている人もいます。

このように、虐待対応は主としてアメリカで先駆的におこなわれてきましたが、国際的な合意としては、1989年に国連総会で採択された「児童の権利に関する条約」に、締約国が子どもを虐待から保護するために適当な立法上、行政上、および教育上の措置を取ることが明記されています。「児童の権利に関する条約」は、1990年に発効し、日本は1994年に批准しています。

日本国内では、戦前にも「児童虐待防止法」がありましたが、人身売買などを防ぐことがおもな目的で、子どもが心身ともに健康に発達する権利を守ることには目が向けられていませんでした。また、この問題への関心は、児童相談所関係者に限られ、一般の認識は低いものでした。

1970年代に入り、やっと少しずつ報告が見られるようになり、1980年代には児童相談所などの全国調査もおこなわれました。しかし、そこでの数は諸外国に比べて非常に少ないもので、日本の虐待に対する認識

の低さを示すものでした。その後、1990年に大阪で虐待防止協会、1991年に東京で虐待防止センターが活動を開始し、一般の認識が少しずつ高まっていきました。さらに、栃木県、埼玉県、愛知県、北海道など各地域で虐待防止のためのネットワークが作られ、1996年4月には日本子どもの虐待防止研究会が発足しました。

　一方、厚生省（現在の厚生労働省）も1990年代初めころは、民間団体の指摘に応じきれず、虐待の問題を矮小化（わいしょうか）していましたが、90年代半ばからは積極的に対応するようになりました。その最初の施策が1996年度の児童虐待ケースマネージメントモデル事業でした。

　翌97年に児童福祉法（以下、児福法）の改正がなされましたが、虐待対応には大きな改革はなく、その後、子どもを虐待から守るために、児福法の解釈を適切におこなうように通知が出されました。1999年には厚生省が中心となって、児童相談所が対応していたにもかかわらず死亡していた例が年間14例あると発表しました。各県に問い合わせたものを総合したのですが、実際にはさらに多いのではないかという疑問の声もありました。

　こうした流れを受けて、衆議院の青少年問題等特別委員会で議論されていた「児童虐待の防止等に関する法律」（以下、防止法）が2000年5月に成立し、11月に施行されました。内容としては、虐待の定義が明記されたこと、通告は守秘義務違反にならないことが明記されたことなど、いくつかの重要な点もありますが、もっとも大きかったのは「法律ができた」という事実でした。その結果、通告数は急速に増加していきました。

　その後、防止法は2回の改正がなされています。2004年には、児福法と同時に改正がなされ、虐待の対応の第一義的窓口は市町村となり、児童相談所は専門的対応をすると位置づけられました。そのための地域のネットワークである「要保護児童対策地域協議会」（以下、協議会）を設置できることが明記され、その要綱が定められています。協議会は外

部に向かって守秘義務を持つと定められていますので、守秘義務のある公務員や医師なども協議会では必要に応じて守秘が必要な内容を開示することができるのです。2007年の改正では、懸案だった立ち入り調査に関する規定が定められました。また同時に協議会の設置が義務づけられました。

　行政や司法が以上のような対応をすすめている間に、通告される虐待ケースは増加し、とくに都市部では一時保護所や施設の不足が顕著になっています。また、窓口となる市町村の人材不足、それでも止まらない児童相談所の業務の増加とそれによる職員のバーンアウトなど、虐待対応は危機的状態が続いています。その背景には、制度は変わっても虐待の急増に追いつかないマン・パワー（人的資源）の不足をあげることができます。とくに社会的養護といわれる、里親や児童福祉施設の不足が顕著ですし、虐待を受けた子どもを養育するうえで求められる専門性の不足や人的体制の不足が虐待対応の足かせになっています。結局、財政的な負担の必要な面が後れを取っているのです。子どもは今後の世界を作っていく宝です。もっと多くの財政支出が求められています。

2 虐待の定義

　虐待に関してはさまざまな定義があります。どこまでが虐待かを議論しだすと一概に線を引くことは困難です。しかし、現実に子どもたちと接している人々にとって重要なことは、虐待かどうかを定義に当てて検討することではなく、"子どもの心身の安全を守ること"です。その原則を忘れないことが重要です。

　私が臨床上役立つと考えている定義は以下の二つの条件からなります。
　まず第1の条件は、「強者としてのおとな（もしくは年長者）と弱者としての子どもという権力構造を背景にしていること」です。年齢で規定している定義もありますが、必ずしも年齢で区切れるものではなく、そ

の行為がどのような権力構造のもとでおこなわれているかが重要です。防止法の定義では「保護者から」となっていますが、ほんらい守るべきおとなからの子どもの心身への暴力やネグレクトは虐待ととらえるべきでしょう。

第2の条件は、その行為が「子どもが心身ともに安全ですこやかに育つ権利を侵害している」ということです。

子どもは独りでは生きていくことすら困難で、すこやかに成長させるには、おとながそのための環境を保障する義務があります。そのように育つ権利が明らかに侵害されている状態が虐待です。私たちの社会ではこの権利は一般に家庭が中心となって守られています。しかし、家庭にその機能がないときには社会が介入して子どもを守る必要があります。

3 虐待の種類

子どもへの虐待はその内容から以下の4種類を考えるのが一般的です。

❶ 身体的虐待 (Physical Abuse)

子どもに対して身体的な苦痛を与えたり、身体的暴力を与えることをさします。なかには生命の危険がある場合もあります。暴力の形としては、叩く、殴る、蹴る、首を絞める、逆さずりにする、お湯をかぶせる、お湯に顔をつける、タバコの火やアイロンを押し付けてやけどを負わせる、毒物などからだに良くないものを飲ませる、狭い所に押し込める、ロープでつなぐ、わざと食事を与えない、などといったものがあります。

また、首の座りがしっかりしていない乳児期の体幹（胴体）を持って首を激しくゆすると重い脳障害を起こすことがあり、「乳幼児ゆさぶられ症候群」(Shaken Baby Syndrome) と呼ばれています。

身体的虐待で起こる傷害としては、皮膚の外傷、骨折、やけど、頭の

中の出血、溺水（できすい）などがあります。もっとも見えやすい形の虐待ですが、虐待者はそれがしつけであると考えていることもあります。

❷ ネグレクト（Neglect）

　子どもにとって必要なケアを与えないことをさします。衣食住といった身体的ケアに限らず、子どもの発達にとって必要な情緒的ケア、つまり愛情を与えないこともネグレクトです。以前「愛情剥奪（はくだつ）症候群」といわれたこの形のネグレクトを受けた子どもには低身長・低体重といった成長障害の危険や、感情表現や他人とのかかわり方に障害を持つ危険があります。

　また、子どもの安全を守るために必要な監視（見守って危険に対応すること）をしないこともネグレクトです。したがって、親がパチンコをしている間に子どもが駐車場で遊んでいて事故にあうといったことも子どもへの虐待にあたります。

　その他、入浴やおむつ替えなどといった子どもに必要な衛生的なケアを与えなかったり、必要な予防接種や乳幼児健診を受けさせなかったり、必要な医療を受けさせなかったりすることもネグレクトに含まれます。さらに、おとなの都合で子どもに必要な教育を受けさせないこともネグレクトの一つです。

❸ 性的虐待（Sexual Abuse）

　子どもにとって明らかに過度の性的刺激を与えることをいいます。必ずしも性交がなくても子どもにとって明らかに過度の性的刺激や子どもを性的に搾取することがすべて含まれます。したがって、自慰を強要されたり、ポルノ写真を撮られることも性的虐待を受けたことです。また、思春期以降になって子どもの前で誘惑的に裸になったり、みだらな目で

子どもの裸を眺めたりすることも虐待にあたります。

　防止法の定義では虐待者を保護者に限定しているため、保護者以外からの虐待に関しては、それに対処しなかった保護者のネグレクトに限定されています。虐待者の特定という点から見るとやや問題のある定義だと考えられます。

　また、虐待を受けるのは必ずしも女子とは限りません。男子が性的虐待を受けることもあります。この虐待は、精神的問題をともないやすいため、早めの介入が必要です。詳しくは次章を参考にしてください。

❹ 心理的虐待（Psychological Abuse）

　心理的な暴力や心理的な苦痛を与えることをさします。家族の中でつねに孤立させられたり、つねに差別されたり、罵倒（ばとう）されたり、おびえさせられたりすることなどがこれに入ります。多くの場合、「お前なんかいないほうがいい」とか、「お前なんか価値がない」というメッセージが含まれるので、不安やうつ状態を中心とした精神障害の危険性が高いものです。

　しかし、身体的虐待などに比べると見えづらい形の虐待であり、発見が困難であることも多いため、介入の必要性に対する認識がもっとも遅れています。欧米では最近一番注目されている虐待の形で、身体的危険は少ないものの、長期の精神的な問題を考えるともっと真剣に子どもを守るための介入をすべき虐待といえます。

　加えて、国際的には第5の虐待とも考えられているＤＶ（ドメスティック・バイオレンス）の目撃、つまり子どものわかるところでの家庭内の暴力も、子ども虐待に当たります。防止法では、ＤＶ目撃は心理的虐待の一つとしてあげられています。

4●虐待の数

　日本で子どもへの虐待がどのくらい起きているのかを把握することは困難です。その理由としては、前述したように、虐待がつねに隠されるものであることと、虐待かどうかを確実に線引きすることが難しいということがあげられます。全国の児童相談所への虐待相談件数は 2006（平成 18）年度では 37,343 件と報告されています（図１）。この数は、15 年前の 1991（平成３）年度の 30 倍以上、10 年前である 1996（平成８）年度の９倍以上、５年前である 2001（平成 13）年度と比べても 1.6 倍となっています。しかも、2005（平成 17）年度からは防止法と児福法の改正によって、窓口として重要となった市町村への通告数もおよそ同数あります。これらがどの程度重複しているかを把握することはできませんが、少なくとも児童相談所への相談数の 1.5 倍は、何らかの形で虐待と考えられたことのある数といってもよいでしょう。これらの増加は、必ずし

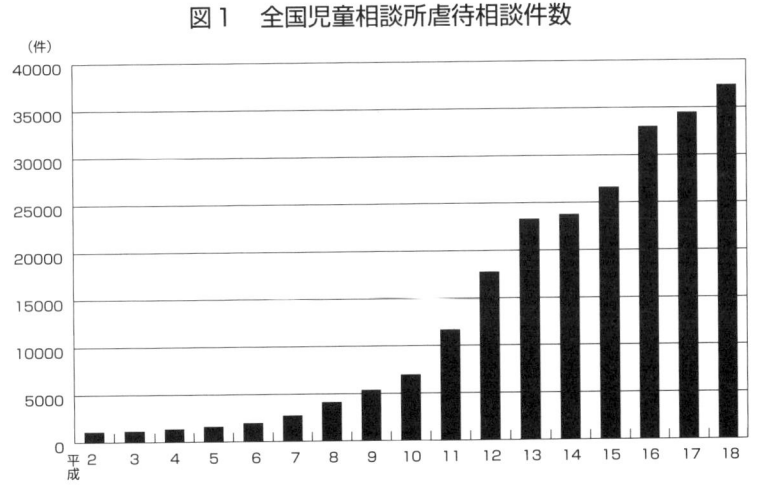

図１　全国児童相談所虐待相談件数

第１章　子ども虐待の理解のために

も虐待の実数が増えたからではなく、虐待に対する認識の高まりにより報告が増加しているからと考えられますが、一方で、虐待そのものが増加している可能性もあります。虐待の正確な動向をつかむためには統計が欠かせません。しかし、日本ではそのような統計をとることが定められていません。今後の課題です。

5 ● 虐待を受けた子どもの心身の危険

虐待を受けた子どもはどのような問題をもってくるのでしょうか。この点について以下に検討してみましょう。

❶ 身体的危険

身体的虐待を受けたときにはもちろん身体的危険が及びます。暴力によって頭の中や内臓に出血をしたり、重いやけどを負わせたり、溺れさせたりすれば、生命の危険もあります。とくに乳児期は抵抗力が弱いため、一回一回の暴力の程度は弱くても、繰り返されると危険が大きくなります。また、ネグレクトでも、低栄養がひどかったり、監視をする義務を怠って危険な行為を野放しにすることで子どもが生命の危険にさらされる場合もあります。

上記のような場合は、命は助かっても、後遺症として障害を残す危険があります。頭の中の出血や溺水の後遺症として心身障害やてんかんになったり、やけどの後遺症として手の機能障害が残ったり、暴力の後遺症として失明したりすることも見られます。

また、ネグレクトの場合、とくに情緒的ケアつまり愛情を与えないことによって身長や体重が増えない成長障害が起こることもあります。

❷ 知的発達に対する危険

　重い身体的虐待の後遺症として知的発達がさまたげられる危険があるだけではなく、情緒的ケアを与えないネグレクトでも知的発達が遅れる危険があります。家の中で寝かしっぱなしにして、子どもに必要な刺激を与えないことが原因となることもありますが、愛情が与えられないことで子どものほうが自分を閉ざしてしまう結果、知的発達に問題を持ってくることもあります。このような子どもたちは、できるだけ早く発見してよいケアを与えてあげれば、知的発達が改善される可能性もありますが、発見が遅れるほど回復させることは困難となります。

❸ 精神的障害の危険性

　虐待を受けた子どもたちは心理的傷を負います。また、子どもが精神的に健全に発達する環境が与えられないため、精神的発達がさまたげられる危険が高まり、結果として精神的な問題や行動面の問題を持ってくる危険があります。

　楽しむ能力の低下、多動、暴力、過度の反抗、集中力の低下、強迫的な行動、感情表現の低下、激しい感情の起伏、引き続くうつ状態、自分を傷つける行為、繰り返す悪夢、過度の恐怖、対人関係の障害、学習能力の低下、非行、などは被虐待児によく見られる精神的問題です。大きくなっても、非行や反社会的行動、うつ、人格障害、などといった精神障害を残すことも多く、虐待を受けた子どもの精神的障害に対する危険は非常に高いものと考えられます。

❹ **繰り返し虐待を受けてしまう危険**

　虐待を受けた子どもたちは、虐待を受けやすい行動が身についてしまうことがよくあります。思わず手を出したくなってしまったり、どなりたくなってしまうような行動をしたりするのです。これには虐待を受けたがための心理的な理由があるのですが、周囲が虐待を受けた子どもの行動の特徴を十分理解して長期にケアをする環境にないと、専門家でさえも虐待をしてしまうこともあります。せっかく虐待が発見されて保護されても、福祉施設や教育機関で再び虐待が起きる危険性があるのです。

　虐待が再発すると、子どもの心理的傷はよりいっそう大きいものとなり、無力感やおとなに対する不信が増大することになるので、十分に気をつけることが必要です。

❺ **他者や自分を傷つける危険**

　虐待を受けた子どもたちは、強い者が弱い者を虐待することは当然であるという環境に生きてきたわけです。ですから、今度は自分たちが弱い立場の人に心身の暴力を振るって傷つけてしまう危険があります。保育園で年下の子どもを殴ってしまったり、親にされたことをそのまま年下の子どもたちにしてしまうことはよく見られます。

　また、暴力によって人間関係が形成されている環境に育った子どものなかには、自分の存在を確かめるかのように自分を傷つける行為を繰り返す子どもたちがいます。なかには自殺に近いことも起きる危険があります。

6 ● 虐待をする人の特徴

　これまで繰り返し述べたように、虐待をする人は必ずしも親とは限りません。しかし、子どもを一番保護する義務があるのは親であり、親からの虐待がもっとも子どもにとっての安全を脅かすことから、虐待する親を中心に考えてみましょう。

　虐待をする人は、自分自身が愛されなかったか、または、虐待を受けた体験があることが多いと言われています。ここで気をつけておく必要があるのは、虐待を受けた人が必ず虐待者になるわけではないということです。ただ、虐待者は過去の体験が影響していることが多く、虐待者を罰するのではなく、虐待者も支援の対象であることを頭に入れておくことが重要なのです。

　また、虐待を受けた人が自分の子どもを虐待するような人を伴侶に選んでしまうこともよく経験します。たとえば、アルコール中毒の父親に虐待されてきた人が、二度とそのようなことは体験したくないと思っていながら、選んだ伴侶がアルコール中毒で自分たちの子どもを虐待してしまうということがあります。虐待を受けたことによって虐待を受けやすいパターンが出来上がってしまうのと同じように、そのような人に無意識のうちに惹かれてしまうことがあるからです。なかには暴力をともなうことによってはじめて愛情を感じられるようになってしまった人もいます。暴力を受けて育つことの恐ろしさを感じさせられます。

　虐待する親は他者とのかかわりをうまく持てず、孤立していることが多いものです。地域社会で友達がいなかったり、連れ合いにも相談ができないのです。そのために一人で悶々として、より自信を失い、虐待を止めることができなくなっている人もよく見られます。

　虐待をする親、とくに母親のなかには子育てに自信を持てない人が多くいます。子どもにミルクの飲みが悪いときがあったり、自分が作った

食事を食べてくれなかったり、笑いかけてもうまく反応してくれなかったりすると、自分自身の親としての能力のなさを指摘されたような気持ちになって、腹が立ち、子どもに暴力を振るったりいやがらせをしてしまったりするのです。そのことがさらに親としての自信を失わせ、悪循環につながることにもなります。

また、子育てに誤った意識を持っている人も少なくありません。罰を与えることが子育てだと思っていたり、自分の思うように行動させることがしつけであると勘違いしていることがあります。また、食物や衣服や子どものからだの状態に非常に繊細（せんさい）に気を使いすぎ、それがうまくいかないいらだちから子どもに心身の暴力を与えてしまうこともあります。子育ての中心は情緒的かかわりであるにもかかわらず、病気をさせないことや型どおりの行動をさせることが子育てと思い込んでいるからです。

重い虐待をしてしまう親のなかには、自分の攻撃衝動をおさえられないという性格的な問題を持った人もいます。一見会って話をしているときには良い親のようにふるまっているのですが、一度怒りの衝動を持つと押さえがきかなくなってしまうのです。

さらに虐待者の中にはアルコール依存や薬物依存が絡んでいることがあります。このような依存のある場合には、依存にいたる性格傾向も一つの特徴ではありますが、アルコールや薬物の影響で、自分の衝動を押さえられなくなることが大きな問題となります。とくに、コカインなどの覚醒剤への依存者の虐待は、依存が確実になくなるまでは被虐待児を近くに置いておくことは危険です。

7 虐待が起こる要因

最後に、虐待が起きる要因について検討してみましょう。虐待はさまざまな要因が総合的に組み合わさって起きます。家庭内虐待を中心に以下にいくつかの要因を述べてみましょう。

虐待をする人自身の抱える要因

虐待をする人の特徴のところで述べたように虐待を起こしやすい性格傾向や過去の問題が一つの要因となります。また、ネグレクトの場合には、親の知的発達の問題やその他の能力の問題が関与することもあります。

虐待を受ける危険の高い子どもの要因

身体的に問題のある子どもや行動に問題のある子どもは、親の自信のなさを刺激したり、親の罪悪感を強めたりすることで、虐待につながる要因になることがあります。また、子どもが親の嫌っている人（自分、別れた夫など）に容姿や行動が似ていることが、親を刺激して虐待につながる要因になることもあります。

環境的要因

親の病気、きょうだいの誕生、祖母など育児を手伝ってくれた人が欠ける、失業や貧困などで余裕がなくなる、などといった状況がきっかけとなることがあります。また、上述のように、薬物などの影響がきっかけとなることもあります。

これらの要因は一つだけで起きることはほとんどありません。すべての組み合わせです。したがって、支援をする時もさまざまな角度から考える必要があります。

（奥山　眞紀子）

2——性的虐待とは

1●子どもへの性的虐待は何が問題なのか

　子どもへの虐待は、身体的虐待、ネグレクト、心理的虐待、そして性的虐待に分類して考えることができると、前節で述べました。ここでは性的虐待を取りあげて考えてみたいと思います。

　ここで性的虐待をとくに取りあげる理由は、子どもの心への影響が非常に強く、複雑に残ることが欧米などの各種の研究から報告されていながら、日本では特殊な出来事として扱われ、あまり語られていなかったように思われること。そして、理解にもばらつきが大きく、話題になりにくかった点からです。

　日々子どもにかかわる私たちは、子どもの変化について、「ことばで表現するのは難しいけれどなにかへん！」と感じることがあります。性的虐待を察知するにはこの感覚が非常にたいせつになります。性的虐待を受けている子どもたちは、自分に起こっている出来事が気持ちの良いことでなくとも受け入れなければならない状況に置かれ、そして、自分が秘密にしていること（我慢すること）が、自分の周囲の人（虐待者や家族）への愛情であると認識させられていることが多くあります。その結果、そのために身に付いてしまう行動パターン（性器に関する強い関心や性的なことばをコミュニケーション手段に乱用するなど）は、周囲の子どもと比較すると突出しやすくなります。この行動パターンを察知する感覚が、私たち子どもにかかわる職種の者には必要なのです。

2●性的虐待の定義と理解

　ここで、性的虐待の定義について考えてみたいと思います。
　日本の虐待問題への組織的とりくみの先達である児童虐待問題研究会の定義（1983年）では、「性的虐待とは、親または親に代わる保護者による性的暴行」となっており、「児童虐待の防止等に関する法律」（以下、防止法）では、「保護者（親権を行う者、未成年後見人その他の者で、児童を現に監護するものをいう）がその監護する児童（18歳に満たない者をいう。以下同じ）について行なう次に掲げる行為」のなかに、性的虐待の項目が掲げられており、「二　児童にわいせつな行為をすること又は児童をしてわいせつな行為をさせること」と定義づけされています。しかし、抽象的な表現なので、一人ひとりが異なったイメージを抱いていることがあるようです。そこで、つぎのように具体的な事象でとらえることができます。
　「子どもと性交をしたり、性器に触れるなど性的行為を強要すること。父親（実父、継父）が娘を対象にすることが多いのですが、きょうだい（兄 – 妹、姉 – 弟）の間でおこなわれることもある」
　ここでたいせつなことは、虐待者の多くは、子どもの身近にいる人々であるということです。そして、虐待行為が愛情とすり替えられて子どもに伝えられていることが多いということです。
　一方欧米では、「親または親に代わる保護者以外の者（学校の教師、施設の職員等）による性的暴行や性交以外の性的行為」も性的虐待として認識されています。

3●性的行為とはどのような行為をさすのか

　「性的行為」とはつぎのような行為をさすと考えられています。

① 口腔、性器、乳房部、臀部、大腿部など他人に触れられると驚いてしまう身体の部位（プライベート・エリア）への身体接触
② 子どもの目前で、加害者がマスターベーションを見せること（意図的に）
③ 子どもを使った（子どもの身体部分を使っての行為や子どもをモデルとして目の前に置くなど）加害者のマスターベーション
② 口腔と性器性交
③ 肛門と性器性交
④ 性器と性器性交
⑤ 性器への性器以外のものの挿入（異物、指など）
⑧ 性器の露出、盗視（子どもの入浴など）、子どものヌードを被写体とすること（絵画、撮影など）

などがありますが、北山秋雄氏は著書の中で、「子どもの人権を守る立場から性的虐待を定義するなら、子どもは絶えずおとなや権威の下におかれ、性的虐待の意味を理解することも助けを求めるすべも知らないことから、その内容にかかわらず、身体的接触行為も含めた『子どもが欲しないすべての性行為（Badgley, 1984）』と定義する必要がある」と述べています。

つぎに、性的虐待の影響について事例をとおして考えてみます。

4 代理妻役を演じた、M子ちゃん－事例1－

M子ちゃんは、小学校3年生になりましたが、このところめっきり元気がなく、成績も低下し、落ち着きがなくなってきていました。毎日のように保健室を訪れ、午前中はぐっすりと眠っていく日が続いていました。

このようすに疑問を感じた養護教諭が、担任に連絡したところ、父親は中小企業のサラリーマンで、母親は分譲住宅を購入後、住宅ローンの

手助けにと、友人の経営するスナックに勤めていることがわかりました。M子ちゃんはしっかり者で、かいがいしく父親の世話をしながら、二人で夕食をとる日が、2年続いていました。
　そんなある日の夕食後、父親とテレビを見ていると、父親がM子ちゃんを抱きしめ、「おまえは私の宝物だよ！　仲良くしようね！」と、性交を強要しました。それからは、母親の帰りの遅い日を待っているかのように、父親は関係をせまり、拒むと「お父さんを嫌いになったのかい？」「でも、お父さんにはおまえしかいないよ！」「お母さんは、ほかに男がいるんだよ。でもおまえがいるから離婚できないし……」と説きふせ、性的行為をおこなう日が繰り返されました。M子ちゃんは、母親に一度だけ相談しましたが、信じてもらえず、逆に「うそをつくものではない」と叱られてしまい、安心して眠れない日々が続いていたのでした。

　この事実は、養護教諭が時間をかけ聞き出したものです。聞き取りの過程では、本人がいったん話したことを訂正したり、話の内容の時間的関係があいまいな点などがありました。当初、養護教諭はどのように考えてよいのか迷いましたが、知りあいの精神科医に相談し、その助言に従い、保健室は安心できる場であると本人に伝えながら意識的にかかわることで、まとまりのある話となって聞くことができました。
　M子ちゃんのように、母親が不在がちで、父親との心理的距離が近くなっているケースの場合、虐待者である父親が、母親を敵として子どもに認識させ、説き伏せ、虐待者と子どもで秘密を共有することが愛情のように子どもに思わせ、家庭を維持するためには秘密を守ることが唯一の選択肢であるかのように追い込み、性的虐待が繰り返される構造になっていることが多いのです。
　このようなパターンでは、父親の教育水準も高く、娘も強く拒否できないこと。そして、身体的な暴力がともなわないことが多く、発見しに

くいのですが、ごく普通の家庭で起こっている多くは、このようなパターンをとるという研究報告もあります。

しかし、M子ちゃんは、「学業の不振」という形で虐待の事実をおとなたちへ訴え、援助を求めてきました。

このほかにも、非社会的な行動（家出、非行、売買春など）が性的虐待のサインとして、前面に現れてくることも少なくありません。

5●性的虐待を受けた子どもの心理

では、性的虐待を受けた子どもの心理パターンはどのようになっているのでしょうか？

① 多くの被虐待児は、自分から虐待の事実を話そうとはしません。そして、虐待を受けたかどうかについても否定することが多く、虐待の事実を認めた後でも取り消すことがよくあります。

② 被虐待児は、虐待者を守ろうとします。これは、虐待者への恐れと同時に、親が虐待者である場合には、その親を慕い、愛しているからです。なぜなら、虐待があるときには恐いのですが、それ以外のときはやさしい父や母だからです。そして、子どもの心理としては虐待の事実は一時的なものと、無意識のうちに心の中に封じ込めようとするからでしょう。

③ 子どもの話の事実関係や時間の経過などが矛盾していることがあります。これは、子どもは時間や関係概念の発達が不十分な点と恐怖からくるものと考えられています。

カナダやアメリカの専門家の間では、このような矛盾が起こることこそ虐待を受けていた心理的影響の一つとして理解されるようになってきています。

④ 被虐待児は「自分が悪かったからこうなってしまった」と感じています。「自分が誘惑したからこうなった」「気持ちがよいとどこかで感

じている自分が悪い」など、さまざまな形で虐待者から罪悪感を植えつけられていることがあります。

⑤ 被虐待児は、自分には問題を解決する能力がなく（自分には何もできない、解決の方法を知らない、汚れた人間である、などと感じています）、状況を改善することはできないと思いこんでいます。

⑥ 被虐待児は、被害者として助けを求めるだけの存在ではなく、性的行為をほかの子どもにおこなう加害者となることがあります。

⑦ 被虐待児は、援助の手をさしのべても、援助者を裏切ることがあります。これは、ほんらい信頼や依存を学ぶ相手として一番身近な人である親との間での不安定な人間関係が基礎となり、他者をどのように信じてよいのか学んでいないことが原因と考えられています。

このように性的虐待を受けていると、子ども自身の自己評価（セルフ・エスティーム）が低くなり、さまざまな形で心に傷を残すようになります。

6●性的虐待を受けている子どもの兆候

性的虐待に私たちが気づくための兆候について考えましょう。
私たちは子どもの日常生活の場面で、つぎのような兆候をキャッチすることができます。
① 急に性器への関心をみせるようになった。
② 急に自慰行為や他の子どもの性器にさわろうとするようになった。
③ 年齢不相応な性的知識を持っていたり、言動をとる。
④ 胸、外陰部、肛門などを強調した絵画を描く。
⑤ 性的虐待を連想させることへの極端な恐怖や不安を示す。
⑥ ほかの子どもに対して攻撃的になる。
⑦ 自分の殻に閉じこもってしまう。
⑧ 自虐的行為（自分を傷つけたり、自殺をはかるなど）をおこなう。

⑨ 服を不必要に着込む。
⑩ 食事摂取や食行動が変化する。
⑪ 家出を繰り返し、家に帰りたがらない。または、友人知人の家を泊まり歩く。
⑫ 特定な場所へ行くことを避ける。
⑬ 性器のまわりが腫れたり、出血やあざができている。
⑭ 性器や肛門に裂傷がある。
⑮ 排泄時に痛みを訴える。
⑯ 下腹部の痛みを訴える。
⑰ 情緒不安定さが目立つ。
⑱ 夜尿がみられる。
⑲ のどの痛みなどを訴える。

これらが急に現れた時には、慎重に子どものようすを観察し、子どもと話し合ってみることも必要になることがあります。

7 性的虐待に出会ったときには

以上、さまざまな場面で性的虐待の疑いを抱いたときには、必ず信頼できる人とすぐにチームを組みましょう。決して一人では抱え込まないでください。しかし、性的虐待やセクシャリティーへの対応に専門的に取り組んでいる人は多くありません。そこで身近に相談先が見つからない時には、この本の資料を活用して相談先をさがして連絡を取ってみてください。一人で背負うには重すぎることが多いのです。そして、あなたがSOSを出すことが周囲の理解を高めるきっかけにもなると考えてください。

同時にあなたの気づいたことは、必ずメモや記録に残しておいてください。

（渡辺　好恵）

3 ── 専門職による*虐待とは*

1●はじめに──子どもの人権とは──

　虐待とは、もっとも深刻な人権侵害です。その点で、ほんらい子どもの権利の守り手であるはずの専門職による虐待は、あってはならない人権侵害であるとともに、専門職集団として根絶することを求められているもうひとつの虐待問題です。

　児童養護施設においては、虐待を受けて入所している子どもたちが62.1％となっており（「児童福祉施設等の被虐待児の状況」『第60回全国児童養護施設長研究協議会報告集』2006年326頁）、都市部などにおいてはこの割合はさらに高くなっている現状があります。専門職による虐待は、こうした苦しみを受けた子どもたちを二重の虐待のなかで、再び苦しめることになるのです。その意味でも絶対にあってはならない行為なのです。

　では、いま問われている人権とはどのようなことをいうのでしょうか。

　人権とは、"人間の尊厳"についての法律的表現であるといえます。その人間の尊厳は、ひとつの前提と三つの柱によって成り立っています。

　ひとつの前提とは、「すべての子どもが生命への固有の権利を有すること」の保障と、「生存および発達を可能なかぎり最大限に確保」（子どもの権利条約第6条）されていることです。そして三つの柱とは、①プライバシー権の保障、②アイデンティティ（自分らしさ）の保全、③自己決定の尊重です。

　①のプライバシー権とは、私生活に立ち入られない権利であり、自分なりの流儀で活動し、成長するための権利であるといえます。②のアイ

デンティティについては、政府訳では「身元関係事項」(⁉)と訳されていますが、「自分らしさ」のほうがよりぴったりするのではないでしょうか。

人間の尊厳がもっとも侵害される状況とは、自分のことが自分で決められない、「空間・関係・経済（カネ）＝３Ｋ」による縛りです。子どもであっても自分自身の事柄について自らで決められない、③の自己決定が否定されている状況のことです。こうした人間の尊厳が踏みにじられる行為が虐待です。

2●専門職による虐待＝「体罰」事件の続発

保育所・幼稚園・児童福祉施設・学校などの現場での保育士・幼稚園教諭や教師、児童指導員などによる虐待がマスコミで取り上げられることもよくあります。しかしそのように事件として取り上げられたケース以外にも、水面下に多くの専門職による虐待がひそんでいることも否定できない事実です。

たとえばある児童養護施設での虐待には、つぎのような事例があります。

①子どもの態度が悪いと、ライターに火をつけたまま子どもの腕に近づけて恐怖を与えた。②性器をさわっていた男の子に「そんな悪いことをするオチンチンならいらない」と、ズボンを脱がせ、性器にハサミをあてた。そのため、子どもは恐怖のあまり失神した。③いたずらをした子に「そんなことをする手はいらない」と、ハサミを動かしながら脅かして、ほんとうに子どもの手を切って出血させた。④子どもの服の着方が悪いと、洋服の袖を刃物で切ってしまった。⑤子どもがポルノ雑誌を持っているのを見つけ、その子の手足をいすに縛りつけ、雑誌を開いたまま動かないようにして、そのようすをポラロイドカメラで写した。⑥いたずらをしたことに怒り、麻袋に入れて木に吊るした。⑦罰として、

24時間眠らせないで正座をさせたばかりか、トイレにも行かせなかった。そのため、その子は他児の前で排尿するしかなかった、など。

それらの行為を含めて43項目にわたる虐待行為が、子どもの人権の最後の砦といわれる児童養護施設のひとつでおこなわれていたのです。

こうした児童福祉施設における人権侵害事件については、埼玉県においてもマスコミで次つぎと報道されました。とりわけ、地元の埼玉新聞では、専門職の虐待事例に関して連載されてきました。
(http://www.saitama-np.co.jp/main/rensai/kazoku/gyakutai/minkan/index.html)。

また教育分野においても、体罰事件の発生件数（文部科学省報告）は、2005年度の処分理由で、体罰では懲戒処分146人、懲戒処分、訓戒等及び諭旨免職447人、わいせつ行為では同124人、同142人となっており、この数字が氷山の一角であることはいうまでもないことです。体罰による被害状況をみると、外傷や鼓膜損傷などが多くなっており、人権感覚が問われる現実があります。

また乳幼児期の子どもにかかわる保育所（0歳児～5歳児を対象）や幼稚園（4、5歳児を対象）では、ネグレクトによる虐待が少なくありません。意図的に放置する、食事を与えない、結果的に目を離して危険を回避できないなどです。また意図的に特定の子どもを無視し続けるといった心理的虐待もあります。さらに子どもの意思をまったく無視して、無理やりに食事を食べさせる、長時間トイレに座らせて放置しておくなどは、身体的虐待といえます。

幼い子どもたちへのケアにおいて、おとなのなにげない言葉や態度、「ちょっと待っててね」と言って立ち去ってしまうなどの対応が、子どもの心を傷つけることもあるのです。

3 ● しつけ・体罰・虐待の概念整理

❶「体罰」は虐待のひとつ

　しつけと体罰と虐待の線引きについて議論されることがよくありますが、そうした議論はほとんど意味がありません。あえて言えば「しつけ」とは、躾という漢字に示されているように、からだの機能美の追究をするための教育であり、生活指導であるはずです。つまり箸を正確に持つようになればゴハンをこぼさずに食べられるようになり、それは身体を機能的合理的に使えるための方法・手段の伝達であるのです。

　「体罰」とは、教育的価値があると一方的に教師側が判断しておこなう虐待行為です。からだに加える罰とは、痛みを与えることでおとなの命令や決定・きまりを押し付ける行為であり、基本的には暴行罪であるのです。

　じつは体罰の禁止は、1879（明治12）年の教育令ですでに明記されています。しかし、学校教育の軍隊化の影響の中で、実際には、体罰は管理方法として100年以上にわたって使われ、教育・福祉現場で現実的には許容され、子どもの管理強化の方法として積極的に活用されてきたといっても言い過ぎではないでしょう。

　子どもの権利条約（第28条〔教育への権利〕）では、「学校懲戒が子どもの人間の尊厳と一致する方法で」おこなわれるべきことが明記されています。人権（＝人間の尊厳についての法律的表現）は、ひとつの前提と三つの柱で構成されていることはすでに述べました。

　学校教育法（第11条）においても「校長及び教員は、教育上必要があると認めるときは、文部科学大臣の定めるところにより、児童、生徒及び学生に懲戒を加えることができる。ただし、体罰を加えることはできない」と明記されています。同施行規則（第26条）においても「校

長及び教員が児童等に懲戒を加えるに当たっては、児童等の心身の発達に応ずる等教育上必要な配慮をしなければならない」とされているのです。

また厚生労働省は、「児童福祉施設最低基準」で懲戒にかかわる権限の乱用を禁止する規定を、「児童福祉施設の職員は、入所中の児童に対し、児童虐待の防止等に関する法律第2条 各号に掲げる行為その他当該児童の心身に有害な影響を与える行為をしてはならない」(第9条の二)、さらに「児童福祉施設の長は、入所中の児童に対し法第47条第一項 本文の規定により親権を行う場合であって懲戒するとき又は同条第二項の規定により懲戒に関しその児童の福祉のために必要な措置を採るときは、身体的苦痛を与え、人格を辱める等その権限を濫用してはならない」(第9条の三)と定めているのです。

ちなみに懲戒の程度についても、法務省見解(1951年12月22日法務庁法務調査意見長官)として、身体に対する侵害、被罰者に肉体的苦痛を与えるような懲戒は体罰に該当するとしています。

「体罰」が法的に認められていないことは明らかです。そもそも刑法の暴行罪であり、ケガをさせれば傷害罪となります。体罰は法律違反、犯罪であるという認識が必要です。

❷ 体罰合理化論を考える

「体罰」は、たてまえとしてはほとんどの現場で否定されている行為です。まったく個人的な判断で、多くの場合、他の専門職の目が届かないところでの行為です。保育所・幼稚園、学校、児童福祉施設、障害児・者施設や養護学校などで起こる体罰が合理化される論理は、口で言ってもわからないので"からだで教える"という考え方です。痛さと恐怖と圧倒的な支配関係のなかで、教育的価値が踏みにじられているのが体罰の実態なのです。

恐怖による支配と強制は、「虐待的環境と虐待者への病的愛着」「圧倒的な孤立無援感」「対処行動としての回避、なだめ、frozen watchfulness」（目立たないようにうずくまる、立ちつくす、凍てついた目ざとさ）、「被虐待児の虐待正当化」（自分は生まれつき「悪い子」で、それが虐待の原因と理解してしまう）、「二重の自己（ダブル・セルフ）」（バラバラの自己イメージ）など、人格形成上の問題状況を生み出し、最悪の結果として、「希望の喪失、絶望の感覚」を植えつけてしまうことになるのです（ジュディス・L・ハーマン『心的外傷と回復』みすず書房 1996 年 150 〜 156 頁）。

　「体罰」が横行する背景には、「即効性のある」体罰にかわる指導や援助方法を模索し創造する努力の欠如という経験主義とマンネリ化という状況が現場にあるのです。指導とは、私たちのいわば説得と利用者・子どもの納得によって成立する人間関係であると考えるべきです。

4●保育園におけるＳＩＤＳ（乳幼児突然死症候群）の本質

　虐待死事件の多くが無認可保育施設で起こっている事実は、そこに通う 23 万人の子どもたちの安全と発達が保障できていない劣悪な保育条件の問題が背景にあります。無認可保育施設の場合、無資格者が担当していることも多く、健康や安全管理の基本さえ身につけていないこともあります。加えて営利を目的とした経営者による運営がすすめられることで事件が発生しているという構造にあります。

　死亡事故（ＳＩＤＳと診断された事故も含めて）に共通するネグレクトとしての問題点をあげておきます。

　結論から言うと、死亡事故の多くがネグレクトの結果である場合が多いといえます。「危険要因」とされている"うつぶせ寝"を乳児が泣きやむからと意識的におこなわれていることも大きな問題です。そもそも"うつぶせ寝"は窒息死の明確な「危険要因」であり、けっしてＳＩＤ

Sのそれではないのです。しかし実際には窒息死がSIDSとして事故処理されていることも少なくありません。

　安全管理さえもできない長時間の放置状態もこうした事件には共通しています。死体で発見される状況が多いことは、それほど長時間放置されていたことの証拠でもあるのです。

　さらにベビーベッドに複数の乳児もしくは幼児と乳児を寝かせる（子どもが寝返りを打つなどして、一方の子どもの口をふさぐ）、ベビーベッドに重いふたをかぶせる（開けようとして、首を挟む）、掛け布団を頭からかぶせるなど、窒息死を誘発する条件をつくっている状況があります。

　SIDSの診断は、死因の特定がなされず、あくまでも病死とされるため、保育園側の安全管理上の過失は認められないことになります。保育園側の責任は不問に付されるばかりか、行政の指導監督責任をも免罪することになるのです。専門の施設などでの死亡事故に関して、万が一にも発生したときは、死因の究明を徹底的に職員集団として追求していくことが基本的なスタンス（立場・態度）であるべきです。

5 ● 専門職による虐待の類型と実際

　専門職による虐待は、①多くの子どもたちを対象とし、実践が日常的な繰り返し性のなかでマンネリ化し、子どもたちをモノ視しやすくなること。②専門職として"やるべき"論（専門職であれば、これだけは教え指導をしなければならないという強迫的意識）によって過重な課題を抱え、それがストレスを蓄積・増幅することになっていること、などが発生の背景としてあげられます。さらに、③職員の配置基準の低さなどの実践環境の制約も、虐待が発生する背景としていえるでしょう。

　こうした現状をふまえて、保育分野では『保育所保育指針』（厚生労働省告示2008年3月28日）で、「第1章総則4保育所の社会的責任」に

おいて、「（1）保育所は、子どもの人権に十分配慮するとともに、子ども一人一人の人格を尊重して保育を行わなければならない」ことを明示しています。また児童養護分野では、施設内虐待防止の厚生労働省通知などで繰り返し注意を喚起しています（たとえば厚生労働省雇用均等・児童家庭局総務課長通知「児童福祉施設における施設内虐待の防止について」2006年10月6日）。

　保育所・幼稚園、学校、児童福祉施設などで発生する専門職の虐待を形態的に分類すると、つぎのように整理することができます。

　第1は身体的虐待です。必要なことを教え込むためには、からだを通してでも教えなければならないという目的意識から、「体罰」を行使することがあげられます。からだや顔をたたく、器物を使って殴る、つねる、立たせたまま放置しておく、正座を長時間させるなど、子どもに有形力（物理的な力）を行使することで苦痛を与える行為が身体的虐待です。

　身体的虐待は、子ども支配の方法として用いられており、しだいに、これまで以上のより強力な暴力を行使していくという暴力強化の悪循環に陥っていく必然性があります。同時に子どものなかに「暴力の文化」を生み出し、まん延させていくことになっていきます。

　第2は、ネグレクトです。ネグレクトは、結果的放置（援助者の無知や管理運営体制上の問題による放置）と目的的放置（怠慢、かかわり拒否など）に分けることができます。結果的放置は、子どもが求めているのにそれに結果的に応えられないでいる状態・関係です。それに対して目的的放置は子どもへの意図的な関係です。たとえば子どもが言うことをきかないので、食事やおやつを食べさせないといった行為です。

　第3として、心理的虐待、「意図的な無視」があります。これも結果的心理的虐待と目的的心理的虐待に分類することができます。結果的心理的虐待は子どもの声かけに対して、忙しさのなかで子どもの声を受け止められないでいる状況です。目的的心理的虐待は、子どもとの関係を

意図的に無視する、あるいは子どもがいやがる言動をする、子どもの秘密を他児の前で暴露するなどの行為をいいます。

　第4に、性的虐待があります。保育所や他の児童福祉施設における職員による性的虐待などは隠されたままである場合が多いのです。現在のところ、男性職員による虐待であることが多いのですが、女性による虐待も皆無ではありません。また虐待の対象も女児だけではなく、男児であることも少なくありません。スクール・セクシュアル・ハラスメントや施設内性的虐待などにみられるように、"隠蔽された虐待"という特質を持ちやすいといえます。

　第5に、拘束（restrict）と監禁（imprisonment）をあげておきます。子どもを縛っておいたり、狭い所に押し込んだり、押入れに入れて放置したりすることなどがあります。こうした虐待も「子どもをおとなしくさせるために」「こらしめのために」ということでおこなわれる場合も少なくありません。

　最後に、第6として、子ども同士がかかわるのを完全にシャットアウトすること、孤立（isolation）をあげておきます。子どもたちに、特定の子どもと口をきかない、あるいは遊ばない、などと約束させ、子ども間での孤立をさせていくことです。特定の子どものいじめへの対応のしかたとしてこうした方法がとられる場合がありますが、これも子どもの心を傷つける行為であることは間違いありません。

　これらの虐待は専門職によって、専門施設の中でおこなわれるために子どもを虐待から救済することがきわめて困難であるのが現状です。

6 ●なぜ、専門職が虐待に向かうのか

❶ 攻撃の意思が決定されるプロセス

　攻撃とは「他者に危害を加えようとする意図的行動」であり、攻撃性

とは「攻撃行動や攻撃反応が生み出される内的な心理過程」であると定義されます（大渕憲一『攻撃と暴力』丸善ライブラリー2000年6頁）。

　攻撃性とは、攻撃を起こしうる考え方や関心、感情、気分、欲求、願望などです。

　攻撃は、見えないあるいは表面化した対立が存在する場面（＝社会的衝突場面）で起こっています。社会的衝突を解決する方法には、説得や取り引き、懇願などの平和的手段があります。それに比べて攻撃には、かなりのデメリットがあります。現状よりも悪い状況になる可能性も少なくありません。それにもかかわらず専門職が攻撃パターンをとる背景には、つぎのような意思決定過程があります。

　すなわち、攻撃の意思決定過程は、①攻撃の目標と動機づけ、②攻撃スキーマ（人間の記憶の中に蓄えられた知識の構造）、③攻撃機能の社会的知識、④社会的認知が構成要素になっています（前掲書、46～51頁）。

　これを専門職の虐待にあてはめてみますと、①攻撃の目標と動機づけとは、「言ってもわからない子どもは、体罰を使ってでも教えたほうがよい」という考え方があげられます。その背景には、体罰の効果をなんらかの点で認めている現状があり、言語的な指導よりも「効果」があると考えるようになるなどの状況があります。

　②攻撃スキーマとは、「時には力で強引に導くことで、子どもは言うことを聞くようになる」「職員の強いところを見せておくと、他の子にも職員の権威が保たれる」というような指導の目標と攻撃の動機づけが密接に結びついている関係をいいます。

　③攻撃機能の社会的知識とは、「子どもはこうした力に服従するものである」「教育はある程度の強制力を必要とするのだ」などの認識をベースに持っているということです。こうしたバックボーン（背景）をもっているのが専門職の攻撃＝虐待であるといえます。

　④社会的認知とは、「悪いことをしたら、罰を与えられるのは当然で

ある」「罰をきちんと与えないと、子どもはそれでいいと思ってしまうものである」などという、行為を正当化する判断規範であるといえます。

　専門職による虐待も、④社会的認知を背景にして、①攻撃の目標と動機づけが設定されやすくなり、②攻撃スキーマがより具体化されることで、③攻撃機能の社会的知識が②を促進していくことになるという関係にあります。こうした攻撃の意思決定過程の構成要素を具体的に分析することが必要ですし、虐待を発生させないためにどのような改善策をとらなくてはならないかを考えることが求められているのです。

❷ 専門職の虐待における心理過程

　専門職の虐待に至る心理過程については、4つのタイプに分類することができます（市川和彦『施設内虐待』誠信書房2000年、第2章「虐待に至る援助者の心理過程」による）。

　第1のタイプは、志向的自律型虐待（「この子をなんとかしてあげたい」といったパターナリズムに支えられた体罰など）があげられます。「言ってもわからないので、からだで教える」論や、「保育者が冷静であることが前提」であれば、「いのちや安全が脅かされるような行為に対しては体罰を使ってでも教える」というように展開されることがよくあります。

　パターナリズム（父親的温情主義＝「この子の親代わりとしてこれだけは教えておかなければならない」というような心情）を持っておこなわれている虐待といえます。

　第2のタイプは、志向的他律型虐待（パワーによる服従と同調）であり、権威への服従を前提におこなわれる虐待です。子どもと保育者との力関係のアンバランスを背景に虐待がおこなわれるものです。

　第3のタイプは、無志向的自律型虐待（偏見と差別、生理的嫌悪が投影した虐待）です。専門的な問題意識を持たず、利己的動機が根底にある

虐待の種類です。自らが絶対的支配者であることに満足をし、子どもの苦しみや痛みをまったく感じなくなる点もこの虐待の基本的な性格です。また"汚い""醜い""臭い"などの生理的嫌悪感が直接的にぶつけられている点も特徴的です。

　第4のタイプは、無志向的他律型虐待（バーンアウトと学習性無力感から生み出された虐待）です。アノミー（無法・無秩序）状態が施設などにまん延している中で、「怠慢、無気力、利用者に対する嫌悪に端を発する暴力やいやがらせなどの虐待が、社会的勢力により、個人から集団へと拡大したもの」（前掲書、90頁）をいいます。専門職の虐待は、相互に影響を与えながら職場にまん延していく可能性を強く持った虐待でもあるのです。またそれが比較的早く影響しあうことにもなり、無志向的他律型虐待を広げていきやすいのです。この種類の虐待は、結局、専門職としての職業的目的と倫理観をなくすることにより、利用者に対しての非人間的なあつかいを促進し、専門職自らは非専門職化へと後退させることになります。

7　専門職の虐待をどうなくしていくか

　専門職の虐待を克服するためには、まず第1に園内での自浄作用が機能するシステムづくりが必要になります。それ自体が、虐待を二度と繰り返さないための組織的な専門的力量であるということができます。具体的には、職員会議への報告義務、子ども・利用者、保護者からの声があがるシステム、管理者の専門性の確立、第三者評価機関の設置あるいはオンブズパーソン制度の導入などがあげられます。

　専門職の虐待問題で重要な点は、事実を隠ぺいしないということであり、相互依存的な職場関係を改善していくことが求められています。そのためにはまず管理者が子ども・利用者の人権を守る立場に立って具体的な改善のとりくみを提起し続けることが問われているのです。

第2に、予防的対策をどのように具体化していくかという課題があります。子どもの人権や虐待問題に関する研修、とりわけ子どもの権利条約の学習、援助技術のトレーニング、援助者のメンタルヘルスケアなども重要な課題です。

　第3として、子どものエンパワメント[1]を保障していく課題があります。子どもが自らの権利について学び体得していくためのとりくみの保障です。

　具体的には、①個別的ケアを受ける権利の保障、②ケア計画などの策定に子ども自身が参加する権利、③さまざまなレベルの参加の権利、④質の高いサービスを受ける権利、⑤自己決定・自己選択する権利、⑥わかりやすい情報を受ける権利、⑦意見・苦情・質問を表明する権利、⑧プライバシーの保護に関する権利、⑨人間の尊厳を維持し尊重される権利、などが学ぶべき権利の内容であるといえます。

　第4に、新しい保育所・施設づくりとして、協力者の発見と開拓、少数者でも抵抗を続けること、外部のチェック機能の活用、地域の子ども虐待防止ネットワークとの連携と活用、通告（内部告発）、改善を志向していくリーダーの養成などが求められます。

　最後に、親と子どもの発達と権利を保障するための運動への参加をあげておきます。子どもの虐待を克服していくことは、まさに運動です。子どもの人権を守る地域の運動の拠点に自らの現場を創りあげていくことが克服のための重要な柱でもあるのです。この時代にあらためて人権運動を展開していくことが求められているといえます。　　　（浅井春夫）

＜注＞
1）エンパワーメントとも言う。自分自身の力で問題や課題を解決していくことができる社会的技術や能力を獲得すること。個人の社会的機能を本人自身の内発的な動機により向上させ社会生活に反映すること。またはそれらをうながす支援方法。

chapter 2

子どもの虐待を
　発見するために

1 ── 子どもの虐待発見の困難さ

子どもへの虐待の発見は、虐待に関する認識と知識→虐待の疑い→観察や情報収集→虐待の疑いを固める→初期対応、という過程ですすむことが一般的です。それぞれの過程で困難な問題や注意すべき点がありますので、順を追って述べてみましょう。

1 ● 虐待は隠されている

　子どもの虐待を発見することは難しいものです。虐待は密室でおこなわれることがほとんどであり、当事者から明らかになることは少ないからです。虐待をしている親が虐待を認めないことが多いことは容易に想像つくでしょうが、子どもが自分から虐待をされているのを打ち明けることもほとんどないという事実は肝に銘じておく必要があります。自分から援助を求めないというだけではなく、親を失う不安から、聞かれても秘密にすることがほとんどです。傷について尋ねると、「転んだ」「ぶつけた」と答えることが多いのです。

　さらに、虐待をしている親のなかには短時間の面接のときは非常にやさしい良い親としてふるまっていることも多く、あの親が虐待をするはずがないと思ってしまうこともあります。また、虐待をする親のなかには自分の行為が当然のものだと考えていたり、子どもが言うことを聞かないから暴力でしつけなければならないと考えている人も多いため、自分から救いを求めてくることはまれです。電話相談などで、虐待をしてしまう親からの相談があるのは好ましいことですが、比較的重大な虐待をしている親ほど意識が低いのも現実です。

このように、虐待のケースは待っていて見つかるものではありません。虐待とはつねに隠される傾向にあるものだということを念頭に、ちょっとしたサインも見逃さず、疑いをたいせつにしないと、発見することは不可能に近いと考えたほうがよいでしょう。

2●虐待の存在に対する社会の認識の低さ

　社会全体として虐待を認めたくないという心理が働いていることも発見を困難にしている大きな要因です。私たちの住んでいる社会に子どもをいじめる親がいるなんて信じられないのです。親はつねに子どもを愛し、かわいがるのだという神話や、家族とは暖かくてお互いを愛し合うもので、憎しみや怒りは存在しないという神話を信じたいのです。虐待とはどんな家庭でも起こり得るものであり、社会のなかに多く存在することを認めるためには十分な社会の認識を必要とするのです。自分とは関係ない世界の問題という認識にとどまっていると発見できません。
　また、虐待というと身体的に重症な虐待のことしかささないという認識の限界もあります。ネグレクトや性的虐待や心理的虐待も子どもにとっては心身の危険の高い虐待であることまでは伝わっていません。そのような社会の認識のなかでは、虐待に無意識のうちに目をつぶってしまうことになりがちです。それが虐待の発見を妨げる大きな要因になっていることを自覚しておく必要があります。

3●子どもの権利に対する社会の認識の低さ

　私たちの社会では、つい最近まで、子どもが親の所有物であるかのような考え方が一般的でした。その考え方は少しずつ変化してきましたが、底辺には根強く残っています。子どもの状態から虐待を疑っても、親が言い訳をすると親の言うほうが正しいように思ってしまったり、子ども

に問題があるのだから叩かれてもしかたがないと思ってしまうことはよくあることです。このように考えてしまう背景には、子どもは親のものであるという考えが影響を及ぼしているのです。

とくに、儒教の影響の強かった日本では、つい最近まで、法律上も尊属殺人という項目があり、親子心中の失敗から子どもだけが殺されても、親はあまり罪に問われないにもかかわらず、たとえ虐待をした親であっても子どもが親を殺すと他人への殺人より格段に重い罪として扱われました。これはとりもなおさず、親は子どもに対して絶対の権力を持っていたことを示すものです。子どもが売り買いされたり、年少の頃から労働力として不健康な状態でこき使われた時代はそれほど昔のことではないのです。

かつては、男性が女性に対して絶対の権力を持っていました。まだ不十分な面はたくさんありますが、女性たちが声をあげることによって少しずつ変化してきました。しかし、子どもたちが、自分から社会に対して声をあげることはほとんど不可能です。おとながその声を代弁する必要があります。社会に生きるおとなの一人ひとりが弱者を守る義務があることを認識する必要があるのです。

女性や子どものほかにも権利が侵害されている社会的弱者はまだまだいます。高齢者、身体障害者、精神障害者、外国人などに対しても同様の姿勢が必要です。近年、高齢者に対する虐待も問題になり、「高齢者虐待の防止、高齢者の養護者に対する支援等に関する法律」(以下、高齢者虐待防止法)も 2006 年に制定されています。

弱者を権利侵害から守る姿勢が社会全体に求められているのです。

4●専門家の虐待に対する認識の低さ

医療における子ども虐待への関心は高まりつつあるとはいえ、実際に十分な対応ができるとは言い難い現状です。さらなる教育が必要です。

保育の現場では虐待の発見だけではなく、ネグレクトなどの家庭の子どもを引き受けることもあり、関心はあるのですが、対応には苦慮していることが多いのが現状です。協議会の重要なメンバーとしての役割の遂行が求められています。

　もっとも認識が遅れているのが、教育の分野かも知れません。一部の教師が関心を持って対応してもなかなか学校全体としての組織的対応にならないという現実があります。これらの専門職に対しては、生涯教育を充実させるとともに、専門職を養成する過程の中で子どもの虐待に関する教育を増加させていく必要があります。専門職の虐待に対する認識を高めていくことが子どもを虐待から守るための早期発見につながっていく第一歩となるのです。

2——どのようなときに虐待を疑うか

1●疑うことが分岐点、疑いをたいせつに

　虐待の発見は疑うことからはじまります。はじめから虐待があると判断できることはほとんどないからです。疑うかどうかが、その子どもを守れるかどうかの分岐点になるのです。前述したように、虐待は巧妙に隠されています。そのことを考えれば、ちょっとした疑いもたいせつにしなければならないことは明白です。

　また、多くの場合、おとなが疑いを持つにいたるには子どものサインがあります。子どもたちは表立って虐待を打ち明けることはなくても、無意識の形で何らかのサインを出していることが少なくありません。このささやかなサインをおとながたいせつにしなければ、おとなへの不信はより高まり、だれも自分を助ける人はいないという無力感が育っていくのです。

　疑っても他のサインがなく、なかなか行動を起こすほどの気持ちになれないときもあります。しかし、そんなときでも疑った事実はたいせつにして、観察を続けたり情報を集めたりし続けましょう。

2●虐待の疑いは「不自然さ」への気づきから

　では、どのようなときに虐待を疑うのでしょうか。残念ながら、これがあれば虐待を証明できるというものはありません。いくつかのサインを見逃さないことが虐待を疑うきっかけになります。

　もっとも重要なことは、「不自然さ」です。つまり、不自然な傷、不

自然な表情、不自然な言動、不自然な説明、不自然な関係などです。

　もう少し細かく説明すると、「**不自然な傷**」とは、遊んでいてケガするはずのないような場所にある傷や、ちょっとした事故ではあり得ないような形のやけどといったものです。一般に子どものケガは、向う脛（すね）やひじなど、からだの中心部から遠い部位で固く出っ張った部分に多いものです。大腿の内側、お腹などの傷は虐待であることが多いものです。また、子どもでも熱いものにさわったら逃避（とうひ）する反射が起きます。ですから、一般にやけどの境界は不鮮明なものが多いのですが、虐待では境界が鮮明なやけどが多いのです。そのような傷が多発していたり、治ってもまたすぐに同様の傷があったりする時にはさらに疑いが深くなります。

　「**不自然な表情**」とは、無表情であったり、へんにご機嫌をとるような表情をしたり、ちょっとした働きかけでおびえるような表情が出たり、おびえるようにきょろきょろと周囲を伺ったりという表情などをさします。とくに凍りついた目でじっと見つめることは比較的特徴的であるといわれ、「凍てついた瞳（い）」（frozen watchfulness）と呼ばれています。

　「**不自然な言動**」とは、虐待をしているおとなの場合にも、受けている子どもの場合にもあてはまります。子どものことを非常に心配しているようなことを言っていながら、子どもを一人にして遊びに行ってしまう親や、親の前で急にそわそわして多動的な行動をとる子どももいます。性的虐待を受けている子どもの中には、年齢にそぐわない性的な言動をともなってくる場合があります。

　「**不自然な説明**」は、虐待を疑ううえで非常に重要です。虐待をしているおとなにも、虐待を受けている子どもにも見られることです。子どもの傷の原因に関して傷の状況からみてあり得ない説明をしたり、話を聞いているうちに言っていることがコロコロ変わったりすることなどをさします。子どものほうも、打ち明けたい気持ちとそれへの不安から、とても不自然な説明をすることが多いものです。

「**不自然な関係**」とは、親子の場合であれば、親が近づくとかえって子どもが不安そうにするときや、子どもが求めているときにはまったく反応しないといったことです。子どもがたいしたことをしていないのに激しく叱りつけていたり、殴りつけているといったときはきわめて明確な危険信号です。親はしつけと言うかもしれませんが、行きすぎた罰はかえってしつけにはならず、子どもの問題行動を強め、より以上の虐待の引き金になることが多いのです。もちろん、ケアを受けていない状況（おむつを取り替えてもらっていない、お風呂に入れてもらっているようすがない、お腹を空かしていることが多いなど）や、激しくおこられて泣いている声が聞こえてくるときなどは強く虐待（不適切なかかわり）を疑って、子どもを守る行動をとる必要があります。

3 虐待に対する思いこみを排除する

　虐待をする親は鬼のような親であると思い込んだり、虐待をされた子どもはかわいそうな天使であると思い込むことは虐待の発見を遅らせることにつながります。虐待をする親は決してもともと乱暴な人や暴力団のような格好をした人ばかりではありません。話をしてみると一見とても紳士的である父親や、穏やかで理知的に見える母親であることもまれではありません。逆に、子どものほうは虐待によって問題行動をともない、天使のような子どもではなく、対応しづらい子どもであることも多いものです。

　そのようなときに、子どもの言う事や自分の疑いより、親の言う事を簡単に信じてしまったり、しつけであるという親の言葉に納得してしまったりするのです。虐待という言葉からくるイメージにとらわれず正確な知識を持つ努力が重要でしょう。

4 ● 集団生活の場で虐待を疑わせる具体的状況

　保育所、幼稚園、学校といった集団生活の場でどのようなことがあったら虐待を疑う必要があるのでしょうか。残念ながら、虐待が起きているときの子どもの状態や親の状態は特異的なものではありません。つまり、虐待を受けた子どもに起きることは他の子どもでも起きることがあります。以下にあげる"虐待を疑わせる状況"とは、これがあれば絶対に虐待であるというものではありませんが、疑いのきっかけになるものです。このようなサインがいくつか組み合わさっていれば、虐待の疑いはさらに濃くなります。以下にあげる子どもや親の状況があったら、虐待の可能性を意識して観察をしてください。

❶ 子どもの状態

《乳児期》
・**表情や反応に乏しく笑顔が少ない**：愛情に乏しい状態や恐怖を与えられることが多い状態で育った子どもに比較的特徴的な状態です。ほかの子どもに比べて明らかに表情が少なかったり、周囲にまったく無関心であるときには注意が必要です。
・**特別の病気がないのに体重の増えが悪い**：栄養が十分に与えられないときはもちろんのこと、愛情不足の状態におかれると成長が阻害され、体重が増加しません。
・**環境性と考えられる発達の遅れがある**：必要な刺激が与えられず、寝かされっぱなしになっていると、発達は遅れます。
・**いつも不潔な状態にある**：肌が汚い、オムツかぶれがひどい、衣服を取り替えていない、といった状態があったら、まずネグレクトを考えましょう。

・**おびえた泣き方をする**：乳児期も後期になると、ちょっとした刺激で虐待時の記憶がよみがえるため、おびえた行動となることもあります。
・**不自然な傷がある**：歩き出す前の乳児がケガをすることは少ないものです。とくに顔にあざがある時は危険です。乳児にケガが多く見られるときには虐待を疑いましょう。
・**手足の片方が腫脹している**（はれる）、**動きが悪い**：乳児の骨折はわかりにくい時があります。着替えやおむつ交換などの時に両側の腕や脚を比べる習慣をつけましょう。片側が太くなっている、片側の動きが悪いという所見があれば、一度レントゲン検査をすすめてみましょう。歩き出す前の骨折は虐待を第一に考えなければなりません。
・**時折意識レベルが低下する**：栄養状態が悪かったり、身体的虐待で頭の中に問題が生じると、意識レベルが低下することがあります。医療機関に相談しましょう。

《幼児期》
・**表情の深みがない**：乳児期と同じように、幼児期でも虐待を受けた子どもたちは無表情であったり、表情に深みがなかったりすることが多いのです。
・**だれにでもべたべた甘えるが担当の保育者としっかりしたかかわりが取れない**：愛情が与えられないで育った子どもたちのなかには表現が少なくなる場合とは逆に、だれにでもべたべたしてくるときがあります。しかしながら、愛着関係を経験していないので、そのかかわりは浅薄で、相手はだれでもかまわないのです。そのために、担当者などと特定のかかわりをとることができないのです。
・**他の子とうまくかかわれない**：虐待を受けた子どもたちは人間関係を上手につくることが苦手となることも多いものです。そのために、周囲の子どもたちとうまくかかわれずに孤立してしまうことがよく見られます。

・**他の子に対して乱暴である**：親から乱暴を受けている子どもたちは周囲の人々、とくに自分より弱い子どもたちに乱暴することが多くあります。子どもが親と同じ行動をとるのは当たり前のことです。
・**自分に気に入らないことがあると激しいかんしゃくを起こす**：虐待を受けている子どもたちは自分の衝動を抑制することが苦手です。そのために、ささいなことでも気に入らないと激しいかんしゃくを起こしたり暴力に訴えたりすることがあります。
・**少しでも注意すると固まった状態になり、かかわりが取れない**：怒られることが恐怖の体験であると、ちょっと注意をされただけでも、恐怖となり、そこから逃れたり、その事態が去っていくまで、自分を閉ざすだけで精いっぱいの状態となります。そのために、周囲から見ると、ちょっと注意しただけで、下を向いて無表情になって固まってしまい、かかわりが取れない状態と映るのです。このような子どもたちのなかには少したつと今度は怒られたことを忘れたかのように同じ事を繰り返すこともあります。
・**不自然な傷やひんぱんに傷がある**：幼児期になると、一人で歩けるようになり、危険なことも増えます。したがって、乳児期よりはケガの可能性は増加します。しかし、ひざなどの一般に打ち身を起こしやすい場所ではなく、あまり転んだぐらいで起きないような場所にある傷などを見たら要注意です。
・**傷に対する説明が不自然である**：ある程度ことばが発達してきた幼児期の子どもたちは、傷について聞かれると何らかの説明をします。しかし、傷について聞かれると急に不安そうになったり、話をそらしたり、へんに興奮したり、年齢的に見てもつじつまの合わない説明をしたり、説明がコロコロ変わる時などはより疑いが増す状態であるといえます。
・**環境の問題と考えられる発達の遅れがある**：コミュニケーションの遅れや言葉の遅れは親子の情緒的かかわりが少ないことからくる場合も多いものです。このような状態が疑われる時にはネグレクトなどの虐待を

頭におきましょう。

・**身長や体重の増加が悪い**：栄養のネグレストの可能性はもちろんのこと、愛情が与えられない子どもたちは身長の伸びが悪かったり、体重の増えが悪かったりします。低身長や低体重の子どもを見たら虐待の可能性も頭に入れておきましょう。

・**衣服や身体がつねに不潔である**：入浴をさせてなかったり、不潔な服をつねに着せていることはネグレクトを強く疑わせます。

・**基本的な生活習慣が身についていない**：ネグレクトや抑圧が強い時には被虐待児には基本的生活習慣が育っていないことが多いのです。

・**ガツガツした食べ方をしたり、人に隠して食べるなどの食行動の問題が見られる**：食事を与えられないためにお腹がすいている時はもちろん、取り上げられることを経験している子どもは、人を警戒しながらガツガツと食べることが多くなります。また、直接に食事制限がなくても、愛情を与えられなかった子どもたちの中にはあたかも愛情の代わりに食べ物で自分を満たそうとするかのように食事をすることも多く、かまずに飲み込むことも少なくありません。

・**母や父の前ではおびえた態度となる**：虐待を受けた子どもの中には、集団の中では言うことを聞かない暴れん坊の行動をとっていながら、迎えに来た親の前ではおびえたようになる子どもがいます。集団での行動と親の前での行動があまり異なる時には虐待を疑う必要があります。

・**家に帰るのをいやがる**：それが高じると、家に帰ることにおびえを見せることもあります。このような時には子どものわがままでかたづけるのではなく、虐待についても疑ってみてください。

・**虚言（うそ）が多い**：虐待を受けて基本信頼関係を持てない子どもは、「しつけ」という名の恐怖を回避するために、その場限りでだれでもわかるような"うそ"をつくことがあります。子どもにとっては生き残るすべであり、おとなの考える"うそ"とは異なるものです。そのような"うそ"の多い子どもは、たんにしかるだけではなく、虐待を受けてい

る可能性を考えましょう。
・**衣服を脱ぐことに異常な不安を見せる**：性的虐待を受けた子どもは人前で衣服を脱ぐことに異常な不安を見せることがよくあります。身体的虐待でも、虐待時に衣服を脱がせるようなことが多い時にはそのような行動が出る可能性があります。
・**年齢不相応の性的な言葉や行為が見られる**：性的虐待を受けた子どもたちには年齢不相応な性的表現や行為が見られることが多いものです。幼児期の自慰は一般には問題のないものとされていますが、偶然の発見による自慰はうつぶせになってからだを前後にゆさぶったり、家具の角に性器を押しあてたりするものです。自分の手を的確に膣に挿入したり、他人の手を自分の性器に持っていくなどの場合は性的虐待を強く疑いましょう。また、他人の性器を触りたがったり、服を脱がせたがったりすることも性的虐待を受けた可能性を示唆します。
・**他者との身体接触を異常に恐がる**：やはり性的虐待を受けた子どもたちは他者との身体接触に過度の不安を持つことがあります。また、身体的虐待の場合でも、だれかが近づくと過度の不安を示すことがあります。これも虐待の一つのサインです。

《学童期》
幼児期に見られる特徴のほかに、
・**万引きなどの非行**：虐待を受けた子どもたちが万引きなどの非行に走る確率はほかの子どもたちより高いものです。
・**落ち着きがない**：虐待を受けた子どもたちは、自己コントロールが育たずに、多動になる子どもも多いのです。
・**授業に集中できない**：虐待によるうつ状態で集中力が低下したり、白昼夢にひたる傾向から授業に集中できないこともあります。また、家族のことが心配で授業に集中できないこともあります。
・**家出や徘徊（はいかい）**：虐待を受けている子どもは家出や徘徊をすることもよく

見られます。これは重要なサインです。家出や徘徊がある時にはすぐに子どもを非難するのではなく、必ず虐待を疑って、子どもから家族の状況を聞くようにしましょう。

・**理由がはっきりしない欠席や遅刻**：虐待家族では、子どもを労働力として使い、集団生活に参加させないこともありますし、身体的虐待の傷がとても明らかなために集団に参加させないこともあります。また、罰として家に長期に閉じ込めたりすることもあるのです。

❷ 親の問題

・**子どもの扱いが乱暴か冷たい**：集団生活の場で垣間見る親の子どもに対する扱いが乱暴であったり冷たかったりすれば、家でもさらに乱暴であったり冷たかったりする可能性は高いものです。

・**関係者と話すことを拒む**：虐待をしている親のなかには責められるのではないかと不安に思っている人が多いため、関係者と話すことを拒んだり避けたりすることが多くあります。

・**家族のことを話すのをいやがる**：虐待は当然家族の問題が背景にあります。たとえば虐待者が父親や他の家族である時、母親はできるだけ隠そうとすることが多いのです。そのために、家族のことを話すことをいやがったり避けたりすることがあります。

・**子どもの状態に対しての説明が不自然であったり、説明内容がコロコロ変わる**：子どもの傷や不自然な行動について説明を求めると、説明を避けようとしたり、説明の内容があいまいであったり、時間とともに変わっていったりします。このような時には虐待が強く疑われます。

・**子どもに発達上の問題があっても気づかず、認めようとしない**：子どもの発達の問題を認めようとしなかったり、対応しようとしないことはそれ自体がネグレクトです。虐待により発達が遅れている場合に限らず、ネグレクトを考えましょう。

・子どもが病気だったりケガをしたりしても医者に連れて行かない：これも、その行為自体が医療ネグレクトにあたります。それだけではなく、虐待を知られたくないために医者に連れて行かないこともあります。

・必要な予防接種や健診を受けていない：これもそのこと自体が保健にかかわるネグレクトです。他のネグレクトに関しても疑いましょう。

・理由もなく欠席させることが多い：虐待がわかることを恐れて園や学校を欠席させることや、子どもを労働力として使うために欠席させることがあります。それだけではなく、精神的に不安定な虐待者は自分がさびしくなると子どもを家に置いておくこともあります。

・孤立している：虐待をする親は他者とのかかわりがへたで孤立しやすい傾向の人が多いのです。親同士の付き合いがまったくできなかったり、攻撃的になることもあります。

・被害者意識が強い：虐待をする親のなかには、自分自身が他者への信頼を持てない人がおり、被害意識が強い人も多いのです。このような親と話をするのはなかなか難しいこともあり、専門家への相談が必要になることもあるでしょう。

・いらだちが非常に強い：虐待をする親は自分の衝動を抑えることが苦手な人が多く、すぐにいらだったり暴力的になったりすることもあります。

そのほかの親の状況として、以下のこともあげられます。

・親が精神的に不安定である：虐待をする誘因として親の抑うつなどの精神的不安定さがあります。親の言動から精神的な不安定さがうかがわれた時には、子どもへの影響も考えましょう。

・夫婦仲が悪い：親同士がしょっちゅうケンカしていることはそれだけで子どもにとって大きな恐怖です。夫婦ゲンカによって子どもにあたったり、夫婦ゲンカを子どものせいにして虐待することもあります。

・酒や麻薬の乱用がある：酒や麻薬は衝動の抑制をさらに困難にするため虐待に結びつきやすいのです。とくに覚醒剤依存のある時はもっとも

危険です。子どもを保護することをすぐに考えましょう。

・**母親にも暴力を受けた傷がある**：母親に暴力をふるう夫は子どもにも虐待をする可能性が高いものです。母親の傷にも注意しましょう。なかには、傷を隠すために夏でも長袖を着ている方もいます。

・**過去に虐待をしたことがある**：きょうだいに虐待をした親や、前の結婚で子どもに虐待をしたことのある親はまた繰り返してしまう可能性があります。虐待者にはそのような自分を変える治療が必要です。

❸ その他の状況

・**近所から激しくおこられて泣いている子どもの声が聞こえるなどの情報がある**：近所から虐待に関する情報がある時にはもちろん注意していなければなりません。

・**きょうだいが虐待を受けたり、受けていることが疑われている**：きょうだいが虐待を受けている時には、その子への虐待の可能性も非常に強いと考えるべきです。さらに、たとえ自分自身が明確な虐待を受けていなくても、きょうだいが虐待を受けていることを目撃することは子どもの精神的な発達に重大な悪影響を与えます。

3 ── 虐待を疑ってから*初期対応*まで

　虐待の疑いが強い時や子どもに危険がある時にはすぐに初期対応に移らなければなりません。しかし、もう少し疑いを確かにして行動を起こしたほうがよいと判断されることもあります。ここでは虐待を疑ってから初期対応までについて重要と思われる点を指摘してみましょう。

1 ● 虐待の証明は不要

　虐待を証明することは不可能です。また、虐待の対応は子どもを守るためであり、親を罰するためではありません。虐待でなかったらどうしようと不安に思うことは多いでしょうが、虐待かどうかを判断するのは虐待の通告を受けた児童相談所などの福祉機関の専門家であり、通告までの間に証明する必要はないのです。防止法でも、虐待を受けていると「思われる」児童を発見したら通告するよう義務づけています。「思われる」ということは、疑ったら通告をするという意味です。

2 ● 虐待というレッテルより子どもを守ることが重要

　「この程度のことで虐待といっていいのだろうか」とか、「この程度のことで大騒ぎはしたくない」と思うこともよくあります。しかし、虐待に対応する理由はあくまでも子どもを心身の危険から守ることであり、虐待というレッテルを貼ることではありません。虐待通告は、虐待者を刑法の罪に問うものではありません。つねに子どもを守るという目標に立ち戻ることが必要です。たとえば、明らかに不自然な外傷だが、家族

のだれがやったかわからないという場合も少なくありません。虐待者を特定するのが問題ではなく、子どもを守ることを考えれば、通告は当然なされなければなりません。

3 一人で抱え込まない

子どもの危険が明白な時にはすぐに対応しなければなりませんが、虐待かどうかの自信がないときには迷いが生じます。一人で抱え込まずに、同僚や上司に相談しましょう。しかし、それらの人々の対応が自分の疑いを軽視するようなものである時には自分の疑いを優先させるようにしましょう。そして、自分の機関以外の関係機関に相談してみましょう。民間の防止ネットワークの電話相談などはその第一歩としては役に立つでしょう。

4 虐待に関する情報収集

"虐待かな？"とひらめいたけれど疑いというにはもう少し情報を集めたい時もあります。そのような時には次のようなことを頭に入れて行動しましょう。

❶ 同僚からの情報を集める

同僚の中には別の視点から虐待特有の状況に気づいている人もいるかもしれません。ただ、それが虐待に結びついていないこともよくあります。自分の知識も伝えながらいっしょに考えていくことが必要です。

❷ 親からの話の聞き方

　集団の場では親とのコンタクトが難しいときがよくあります。まず、虐待をする親が鬼であるといった思い込みを捨てましょう。親にはなんらかの虐待をしてしまう理由があるのです。また、親は先生と名のつく人たちからは責められるのではないかと警戒していることが多いものです。親に対してはできるだけ理解しようと努力し、支持的に対処しましょう。「親のせいだから」とか「親が悪いのだから」という考え方をやめ、現在の虐待が起きている状況を親と力をあわせ、変えていかれるかどうかを考えましょう。状況を変えるためには一時的に子どもを親から離す必要があるかもしれません。それも決して親への罰ではなく、状況を変えるための手段なのです。

　そのような態度で接することで、親のほうから実際に虐待をしている事実が打ち明けられることも少なくありません。親から信頼されて相談されるような接し方が必要です。ただし、親の警戒感が強すぎたり、親が心を開かないことはよくあります。そのようなときには、子どもの心身の安全を守るために、児童相談所などと相談しながら自分の考え、つまり虐待の疑いを明らかにする必要に迫られるときもあります。そのような時でも、親を責めるのではなく、虐待という状況を変えて子どもを心身の危険から守りたいのだという意志を十分に説明しましょう。

❸ 子どもへの話の聞き方

　虐待を疑った時にはもちろん子どもから話を聞くこともたいせつです。しかし、子どもは虐待のことがわかってしまうことを恐れていることも多いのです。子どもに話を聞く時には、もっとも信頼されている人が十分に安心させる形で話を聞く必要があります。誘導尋問にならない形で、

遊びなどを通して自ら表現させるように仕向けることがたいせつです。虐待を受けた子どもは、そのことを他人に話すのは親を裏切るようで罪悪感を覚えることが多いのです。そのことを十分理解して、子どものためにできるだけのことをすると伝えましょう。ただ、いくら虐待をする親であっても子どもにとっては唯一の親です。親を罵倒(ばとう)することは子どもにとっても耐えられないことであり、避けなければなりません。また、虐待について打ち明けてしまった子どもは、後悔をしたり不安になったりします。そこで話を終わらせるのではなく、その後に十分遊んで安心させることが必要です。

4——まとめ

　虐待の発見はやさしいものではなく、これまでは見逃されてきたものと考えてよいでしょう。だれかに任せるのではなく、一人ひとりが知識を求めて自分の疑いをたいせつにすることが子どもを心身の危険から守る第一歩となります。

（奥山　眞紀子）

chapter 3

子ども虐待を発見、
　また気づいたり、
　気になったときに

1——*保育所・幼稚園・学校での対応*

1●*子どもの権利を守ることは保育者・教師の必須課題*

　先にも述べましたが、人権とは、「人間の尊厳」についての法律的表現です。「人間の尊厳」とは、人間が人間である限り譲ることのできない内容のことをいいます。そのことを子ども期の特徴をふまえて具体的に明らかにすると、まず人間として安心して生きていけることであり、つぎに発達・教育権の保障を軸にした子どもらしい生活が保障されていること、そのうえで子どもの一人ひとりがあるがままに受け容れられ尊重されていることをいいます。

　子どもにとっても人間の尊厳の究極の柱は、「自己の見解をまとめる力のある子どもに対して、子どもに影響を与えるすべての事柄について自由に自己の見解を表明する権利を保障する」（子どもの権利条約第12条）という意見表明権であり、子どもの権利の根幹に据えられるべき権利であるといえます。

　こうした子どもの権利を踏みにじる行為が虐待（Abuse＝子どもへの不適切なかかわり方）です。子どもの権利を守り発展させる視点から虐待問題を捉えることがたいせつです。

2●*いつでも、どこでも、だれでも虐待者になりうる現代社会*

　現代社会において、親になることは人生の中でもっとも難しい課題のひとつになっています。親たちの生活は仕事と子育てに追われている現実があり、いつでも、どこでも、だれでもが虐待者になる可能性を持っ

ているのが実際です。現代家族の養育機能は確実に低下しており、子育て家庭への公的な援助がますます必要になっています。

　現代における家族は、①養育形態障害（夫婦二人による養育を基本形態と考えれば、ひとり親家庭になること、あるいは子育てを母親に全面的に依存してしまっている状況などは形態上ハンディを負っているといえます）、②養育機能障害（養育をおこなうことにさまざまな障害を抱えている状況で、もっとも鋭く現れている問題は虐待問題です）、③社会生活障害（リストラによる経済的な問題を抱えたり、地域からの孤立した生活を余儀なくされている状況など）という、さまざまな障害を抱えやすくなっている現実があります。このような養育機能が低下あるいは障害を抱えている家族に虐待問題が発生しやすいのです。

　その点でいえば、現代家族への子育て支援策がより手厚く求められていることはいうまでもないことですが、いま問われていることはその支援の質であり、介入・援助の内容であるといえます。

　必要な介入・支援・援助をおこなうためには、虐待の事実を発見することがまず問われます。虐待者側からすれば、なんとか隠すことに"工夫""工作"をするわけですから、それを見破る力が私たちに求められているのです。その点をつぎに整理しておきましょう。

3●子ども虐待を発見するためのポイント

　不慮の事故と虐待、偶発的な傷と人為的につけた傷をはっきりと区別できるかどうかが発見のポイントです。以下、子ども虐待に気づくためのポイントを列挙しておきます。

　① 子どもの表情が暗く、喜怒哀楽の表現が乏しいことがあげられます。これは、虐待が発生する家族関係にはもともと感情の交流が少ないことに起因しています。さらに虐待が繰り返されるうちに、被虐待者である子ども自身が、虐待者を刺激しないようにするため、感情のスイッ

チをオフにすることで気持ちを抑えるという面があるからです。

② 子どもの年齢と受けた傷の状況が一致しないこと。乳児が自分のからだをたたいてアザになっているなどと親が説明する事例は、その典型です。

③ からだの傷が器具などの形の痕跡(こんせき)を残している場合も、人為的に加えられた傷の可能性が高いといえます。

④ 傷の色調によって受傷後の時間的経過を判断できますが、それと保護者あるいは子どもの報告する「事故」の期日・時間があわない場合も要注意です。

⑤ 身体的虐待のケースで、直線的な傷がある場合は、人為的に加えられた傷であることが多いのです。事故の場合は、直線的定形的な傷痕になることは少ないものです。

⑥ 身体的虐待の場合、殴った傷とヤケドの傷がある、あるいはタバコのヤケドの跡が複数あるなど、一度の傷でない場合は虐待を疑ってみるべきです。

⑦ 養育・保護の怠慢・拒否の場合は、季節にあわない服装、ボサボサの髪、不衛生な身体状況など、子どもを総合的に見ることで発見が可能です。また身体的虐待とネグレクト、心理的虐待が重複していることも多いのです。

⑧ 傷の部位が事故ではつきにくいところについている場合、たとえば首、目のまわり、脇腹などに傷があるケースなどは人為的な傷である可能性が高いのです。

⑨ ひんぱんな欠席や遅刻、居眠り、学校からドロップアウトする、さまざまな問題行動をおこすなどの行動は、虐待による自己価値の低下を背景にした行動的指標です。

⑩ 性器の傷・出血、しみや血のついた下着を着用しているなどは、性的虐待の可能性があります。また性的な意味をもった行動を年齢不相応に表現することもひとつの特徴です。

こうした虐待ケースの傷痕・結果の特徴をつかんだうえで、子どもを注意深くみることによって、発見能力を高めることも可能になります。

4●保護者とのかかわりで留意しておくべきこと

とくに保護者とのかかわりで虐待を疑う状況については以下の点に留意をしておく必要があります。
① 保護者の訴えが臨床的に矛盾している。
② 保護者が状況や発達などについての情報を話したがらない。
③ 虐待の状況に似合わない態度や反応をする。
④ 主訴は緊急の場合を除き、虐待とは関係ないことが多い。
⑤ 家族内に問題を抱えているときは、要注意。
⑥ その他

虐待問題は繰り返されるなかで、より重度化・深刻化していくという傾向をもっています。虐待を繰り返すということは、自らの判断でストップをかけることができないという虐待の悪循環に陥ってしまうことをいいます。虐待の現実に対して、親を加害者として突き放してみるのではなく、援助を求めている存在として捉えていく必要があります。介入・援助をおこなっていくうえで、そうした悪循環に陥りやすい親の特徴を知っておくことは重要です。

❶ 虐待を繰り返す親の特徴

虐待を繰り返す親の第1の特徴は、自己評価の低下サイクルに陥っていることが多いことです。先にも書きましたが、虐待をおこなう親は、子どもの中に自らが投影されており、子どものなかに自らを嫌悪している面を見ていることが少なくないのです。「あまりにも自分に似ていて、いやになってしまう！」「自分をみているようで……」という親のこと

ばを耳にすることがよくありますが、自己評価の低い人は自分自身を嫌っており、自らに似ている子どもに対しても嫌悪感を持っていることがよくあります。そして虐待をすることで、再び自己嫌悪感にさいなまれ、さらに自己評価を低めていくという自己評価の低下サイクルにおちいっていくのです。

第2の特徴として、親は自らの行為を虐待であるとは認識していない、あるいは虐待行為であることを認めようとしない傾向があります。

実際に虐待をしている親は、自らが虐待している内容がかなりひどいものであっても、虐待をしているとは思っていないことが多いのです。そうした親の多くは、自らの行為を子育てに必要な「しつけ」や「教育」であると考える傾向があります。

虐待問題へのアプローチは、親の現実を受け止めることからはじまります。「親の現実を受け止めること」とは、子育てについて暴力的な方法しか知らないこと、生活上のストレスにさらされていること、社会的に孤立した存在であること、そして子どもにマイナスな子育てをしているとは思っていないこと、などの親の現実をしっかりとみる必要があるということです。

第3の特徴は社会的に孤立をしていることが多いことです。虐待をしている親は、人間関係をつくることがへたで、コミュニケーション能力が乏しい傾向にあります。小さなストレスでも、それをともに背負ってくれる人がいないと、ストレスはだんだんと大きくなっていくものです。親の小言や不満、たわいもないグチを聞くことも、親とのかかわりでは重要な意味を持っていることがあります。

第4にストレスを解消する方法を知らないことが特徴としてあげられます。生活上のストレスは、狭い住宅、長時間労働・低賃金、失業、ＤＶ（ドメスティック・バイオレンス）、多子、多胎児、障害児、"期待に合わない子"、親族との断絶、地域住民との関係悪化などの問題を背景にしていることが少なくありません。こうしたストレスや衝突との折り合

いをつけることができず、解決の展望を見出せないでいるという状況にあることが多いのです。

　第5として、子育ての考え方と方法のまちがいに気づいていないことがあります。多くの親は虐待行為を虐待と考えておらず、「体罰」「しつけ」という理由づけによって正当な方法として考えているのです。必要な子育ての知識が乏しいことと、もう一方では期待のかけすぎによって子ども虐待を誘発している実態があります。

❷ 日常場面での親とのかかわりで気をつけたいこと

　つぎに保護者との面接や話し合い、立ち話などで留意しておきたい点を整理すると、
　① 面接の理由をていねいに説明すること
　② けっして非難したり、叱責をしないこと
　③ 面接のたびに細かく聞き、継続的な援助を約束すること
　④ 今後の対応について説明し、解決の展望を提示すること
　⑤ 保護者からの質問や不安などには誠実に答えること
　⑥ 子育ての困難に共感し、親の努力を評価し、励まし続けること
などがあげられます。
　また、登園・降園時での保護者との場面での留意する点について整理しておきますと、
　① 子どものちょっとした変化について話すこと
　② 子どものことについて心配なことをフランクに話すこと
　③ 笑顔をたいせつに。ただし過剰な笑顔は逆効果
　④ 家ではこんなことに気をつけて、こんなことをやってみてといった具体的なアドバイスをする
　⑤ ヨカッタ探しの視点で、子どもの変化を伝えること
　⑥ 保護者の努力を評価し、励ますこと

などがあげられます。

　親とのかかわり・援助では、これらの諸点に留意をして、かすかな人間関係の水脈を断ち切らないように、ことばや態度、雰囲気などについて注意をはらっていることが大事です。なぜなら親は虐待を疑われているのではないかと疑心暗鬼の状況にあるからです。援助者側から考えると、虐待行為への"怒り""わだかまり"があるなかで、その点への共感的かかわり方がどのようにできるかがポイントでもあります。

5●子どもへの援助・ケアで留意しておくべきこと

❶ 子どもが安心できるメッセージを

　前述しましたが、子どもたちが虐待を受けていることについて、自らしゃべることはほとんどありません。しかしどこかでいまの辛さを受け止めてほしいと願っていることが少なくないのも事実です。

　言おうかどうか迷いながらも言えないままでいるのが被虐待児の実際であり、思い切って告白できるためには、心が癒され、安心できる関係と場が求められているのです。「あなたはたいせつな存在よ」というメッセージが発せられていることが虐待を受けている子どもへのかかわりを続けるうえで必要条件となります。

　したがって、私たちには改めてケアの思想と援助のあり方が問われているといえます。ケアとは「気遣う、世話をする、めんどうをみる、心配する、愛する、配慮する」などの広がりの意味をもった言葉です。もともとケアとは、ギリシャ語で"悲しみを共有すること"という意味をもっています。ケアがなされる空間としての地域や人間関係の存在が虐待を受けている子どもたちには必要です。

　ケアとは、個別に関わること、人間関係を結ぶことを意味しています。人間同士の繋がり方を学び直していける場としての援助・ケアの体験が

子どもたちにとっては重要な意味をもっており、そうしたケアの場を実感できる関係形成のなかで虐待を発見することがあります。

❷ 専門職が留意すべきこと

子どもへの援助・ケアをおこなううえで専門職が留意しておくことをあげておきますと、
①　子どもに日常的に好かれ受容されていること
②　虐待問題に関しては家族がいないところで面接をすること
③　子どもとのコミュニケーションよくするために、人形を使ったり、絵を描かすなど補助具を使うのもよい
④　やりとりは、子どもにもわかることばを使い、不明確なことばは使わないようにすること
⑤　「なぜ」ではなく、「どのように」とたずねること（「なぜ」と聞くことは子どもが虐待を受けた理由を問われているように思い、自らの否を聴かれているように感じることが多いので）
⑥　発達段階を踏まえて、親のことを話すことへの恐怖や不安を受け止め、あなたを守るということを約束し安心させること
などがあげられます。

6 ● 虐待への介入・援助方法

子ども虐待への対応の第一歩は個人による発見ですが、その後の介入・援助・救済へのとりくみは、集団的検討と諸機関の継続的な連携が問われることになります。まず集団的検討では、どのような対応の出発点と留意点があるのかを整理しておきましょう。

❶ 集団的検討課題

　第1は虐待の事実について、関係者が共通認識を持つことです。虐待について「実の親がそんなことまでするはずがない」「性的虐待はこんな小さい子どもに起こるはずはない」という認識しか持たない保育者や教師も少なくありません。事実を報告し、確認しあうことで、子どもの深刻な人権侵害の問題であるという共通認識を持つことが重要です。子どもと親への援助をおこなううえでも、問題の共通像と家族における虐待環境を正確に理解しておくことがたいせつです。

　第2に、虐待への対応について協議し、キーパーソン（経験豊富な者あるいは親とのかかわりがつくりやすい者）を決め、援助体制を確立する課題があります。虐待者に対して、それぞれの実践者がバラバラにかかわるのではなく、必要な課題を整理して、その内容を伝え援助していく中心的な援助者を決めていくことが必要になります。さらにこの課題については、だれからアプローチをするのかを明らかにして分担していくこともあります。その点でたいせつなのは、全体のとりくみを見通し、連携を調整する役割を担う存在が必要になるということです。

　第3に、家族関係を把握し、協力を依頼できる人を見つけ、その人への働きかけをおこなう課題があります。家族の中に協力的な人物を探し、またそういう人になってもらうように働きかけることが重要な課題となります。そして、協力的な人に対してとりくみの方針や方法を説明し、理解を得ることも欠かすわけにはいきません。

　第4として虐待の重症化を防ぐための対応が求められます。虐待の事実を確認できているか、あるいは疑うべき状況がある場合は児童相談所ないしは行政の窓口（児童福祉課、保育課、子育て支援課など）への通告をおこなうことが児童虐待防止法で明記された義務となっています。その際、すぐに児童相談所や行政から直接保護者に働きかけてもらわなく

ても、当面はようすをみるという対応を相談して決めることもできます。そのうえで事態の変化・悪化が明確になった場合に対応するという点を確認しておくこともできるのです。

❷ 親への援助内容——虐待に気づいたときの親への対応

　虐待の事実が明らかな場合、援助者はその親に対してある種の怒りや憎しみを感じるのが普通なのかもしれません。しかしそういう感情をあらわにした対応は、専門職としては失格といわざるをえません。子どもと親への具体的な援助を考えるうえで、重要なポイントを整理しておきます。
　第1は、子どもの気になる行動を整理し、親と話してみることです。そのためには子どもの"おかしさ"を見逃さないことが重要な実践的課題となります。"何かヘン⁉"にこだわり、子どもや親に対する問題意識を持ち続けることがたいせつです。
　第2に、特別な話し合いの場を設けるのではなく、日常的に話す場を作って状況を把握することがたいせつです。虐待について直接ふれるのではなく、親へ相談する姿勢で話をすすめていくのがひとつの方法としてあります。
　第3は、親との共感的関係のたいせつさです。親の言葉に真摯に耳を傾け、親の体験してきたこと、悩みや苦しみ、心的外傷体験、現在のストレス状況、子どもへの期待・願いなどを知れば知るほど、親への援助・協力をしやすくなるはずです。親への否定的な態度は、援助関係をつくっていくうえで困難を生じさせるだけです。親の話を誠実な態度で聴き、継続的な援助関係を保っていくことが重要な課題です。虐待の問題は、中・長期的かかわりが求められる実践課題であり、コミュニケーションの水路を断ち切らないことがたいせつなとりくみなのです。
　第4として、親からの疑問や質問に誠実に応え、子育ての困難さに共

感的な姿勢を示し、親を励まし具体的な援助を約束していく姿勢が求められます。徹底して援助者であり続けることが伝わるようにすることが重要な課題です。

　第5に、子育てには多様な方法があることを伝えることもたいせつです。子育てには現在とっている方法だけでなく、もっと多様な方法があること、とくに子どもの行動は少しずつ変えていくのが確実な改善方法であることも伝えていく必要があります。

　そのポイントを箇条書き的に列挙しておきましょう。

　① **罪を憎んで人を憎まず**

　② **自然な結果を利用すること**：日常生活で起こる結果を活かして、子どもへのアドバイスを伝えていくことも有効です

　③ **ペナルティは回数も程度も控えめに使うこと**：ペナルティの意義は、反省をうながすということですが、同時に処罰の対象になる代わりの行動のあり方については何も教えてはいないという問題があることの認識が必要です

　④ **プラス面・積極面を強調すること**：子どもの行動でよい面をほめることは、あやまちをなくすためにペナルティを与えることよりも、多くのことを子どもに教え伝えることができると考えたほうがいいでしょう

　⑤ **混乱させないコミュニケーションを用いること**：「あなたがほんとうにしたいことは何？」「そんなにやりたいのなら、やってもいいのよ」などという言い方は、子どもにとっては混乱の原因になります。必要なときにはストレートな表現や「私は〜と思う」ということをはっきり伝えることが必要です

　⑥ **コミュニケーションのあり方を改善すること**：親が自己主張できるように受容的な態度で接することで、親の肯定的な言動を励まし援助することが重要です。子どもとのコミュニケーションのあり方についても、必要なことは子どもに伝え、"行動を変えるのは少しずつ"の原則

を取り入れるようにアドバイスすることです。

などの方法があるといえます。

第6に、今後の具体的な対応について説明し、ともに考えていくことを通して解決の展望を提示していくことが重要になってきます。場合によっては、病院、保健所や児童相談所、他の相談機関などの専門機関への相談をすすめることも必要です。

このように保護者への介入・援助の方法のポイントをふまえて、保護者が少しずつ変わることをめざして援助関係を保ち続けることに留意したいものです。

7 虐待への対応で留意すべきことについて
―保育所を例に、その限界と通告の役割を考える―

❶ 保育所の限界を知る

虐待の要因は、基本的には保護者・家族側にあるので、保育所がかかわるにはかなりの限界があります。保護者にあまり強く注意すれば、それによって子育てに対するストレスを増幅する可能性もあります。子どもの24時間の生活丸ごとの安全を保障することは、保育所では限界があることをふまえておく必要があります。

まず、どこまでを保育所でできる援助の範囲であるかの見極めをすることが求められます。その点について「病理性水準による区分についての仮説」(安倍計彦編著『ストップ・ザ・児童虐待』ぎょうせい2001年27〜29頁)を参考にして提起しておきます。

「病理性水準1」は、自らの虐待を自覚している状態で、保護者が自らの行為は認識しており、葛藤や罪悪感を持っている段階です。この状況は、まだ話が伝わりやすい状況です。

「病理性水準2」は、子どものことで困っている状態で、基本的に虐

待のはじまった原因については、子どもの側に問題があると考えており、自らの行為に問題があるとは認識していない段階です。

「病理性水準3」は、虐待を否定し、援助を拒否する状態で、「私の子どもだから、どうしようと私の勝手だ！」などの言葉を発することもよくある状況です。この段階では、保育所で対応できる範囲を超えており、他の専門機関に早めに委ねることが必要な状態であるといえます。

保育所での対応は、基本的に「病理性水準1」までと考えておくべきではないでしょうか。保育所で抱え込むことで、結果として最悪の事態にまで陥る可能性もあります。こうした結果に陥らないためには集団的検討のシステムと地域のネットワークとの協働が問われています。

つぎに他の機関に対応は委ねたとしても、その後もどのようなかかわりができるかということの検討を、地域における虐待防止ネットワーク、要保護児童対策地域協議会（児福法第25条2項）の一員として、地域のレベルで考え、とりくみ続けていくことがたいせつです。実際の専門職の労働条件は地域に出ることに大きな制約があるのが通常です。こうした制約を超えて、地域での諸機関との連携をつくっていくことを具体化していくためには、この問題に対する機関の長の認識が問われています。

❷ 通告は専門職であっても迷います－通告の方法と留意点－

実際に、虐待を発見した、あるいは疑ったときに、どうしたらいいのかを簡単に整理しておきましょう。

園や学校のなかで "あれっ!?" と感じることがあっても、「虐待でなかったらどうしよう」と通告をためらったり、「通告をしたことが保護者にわかったら、コミュニケーションがとりにくくなる」などと通告を迷うことはよくあることです。また通告をしたとしても、すぐに虐待にストップがかかるとも限らないので、通告があったことで子どもがもっとひどいことをされるかもしれないと心配することもあります。

こうした不安や心配はだれでもあるのですが、通告は専門職としての判断力が問われる行為です。それは、子どもの権利条約に示された「子どもの最善の利益」を保障するためのおとな社会の「最善の努力」が問われる内容でもあります。また児福法（第25条　要保護児童を発見した者は、これを市町村、都道府県の設置する福祉事務所若しくは児童相談所又は児童委員を介して市町村、都道府県の設置する福祉事務所若しくは児童相談所に通告しなければならない）および防止法（第5条　児童虐待の早期発見等）に明記された専門職の責務でもあるのです。

　つぎに保育園を例にとり、虐待を疑ったときに、専門機関・施設としてどんなことができるのかを解説し、具体的な通告の留意点などを説明することにしましょう。虐待を見落とすことなく、子どものいのちと権利を守り、子どもをたいせつにする国・地域になるためにはまず虐待の発見能力が求められることになります。

8●虐待問題に園内でどう対応するか──
《参考図》を参照のこと

　虐待問題にどのように対応するのかをフローチャートにそって簡単に説明をしておきましょう。

　① まず、虐待の発見ないしは疑わしい状況が子ども・家族のなかにあるのではないかと判断した場合、園長・主任に報告することがあげられます。とくに、疑わしいと感じた場合には報告することが専門職の責任としてあることを強調しておきます。

　② それを受けて職員会議の準備をすることが管理者としての課題となります。その際、問題状況が共通の認識となるように、報告者を明確にし、最近の状況（子どもや保護者の発言や態度、虐待を疑う事実など）をできれば時系列で報告できるように準備しておく必要があります。

　その時点で、緊急介入が必要と判断し、児童相談所等に通告すること

も管理者の責任としてあります。

③ 職員会議では、現状評価をおこなうことがまず必要です。子どもの状況、家族や虐待の当事者の状況、家族を援助する環境条件などの検討です。そのうえで、どのような援助やケアをおこなうことができるのかを具体的に検討することが必要です。援助関係を創るうえでの可能性を探ることが論議のひとつのテーマです。同時に自らの園の対応の限界を超えているケースであるのかどうかを判断し、必要であれば他機関に対応を委ねることを決めるのも専門機関・施設として判断すべきことです。

④ 職員会議や運営会議などで、③の内容を検討したうえで、このケースは緊急介入を必要としているケースか、初期対応をていねいに続けていくことで当面はよいのかを判断することが重要です。この点での判断を誤ると、重大な危機的状況に転化していくこともあります。"抱え込まない"という専門職の判断は、虐待問題でつねに問われる課題であり、専門機関の連携・協同のあり方が問われている課題なのです。

緊急介入の必要の判断基準は、フローチャートにあるような生命の危機的状況や重症化が予想されるケース、性的虐待が疑われる状況、心配して家庭訪問あるいは連絡をとっても子どもの状況が不明な場合などがあります。

初期対応を続けていく場合は、少なくとも子どもと毎日接することができており通園・登校を続けている場合、保護者と日常的に話ができる状況、重症化の可能性がほとんどないと当面は判断できる場合は、初期対応を続けていくことができます。

⑤ 緊急対応の場合は、具体的にはまず、子どもを危機的状況から分離し、生命の安全を保障することが必要です。今後の対応をしていくキーパーソンの確定と対応チームを編成していくことは初期対応においても必要な基本的対応であるといえます。

児童相談所・行政の専門窓口への通告はいずれの場合においても必要

<参考図> 子ども虐待の発見から初期対応の基本（フローチャート）

```
┌─────────────────────┐
│  虐待の発見・疑われる状況  │
└─────────────────────┘
          ⇩ （園長・主任への報告）
┌─────────────────────┐
│  職員会議などへの状況報告    │
│  （問題状況の共通認識の必要） │
└─────────────────────┘
          ⇩
┌──────────────────────────────────┐
│  現状の評価をおこなう（職員会議での検討）          │
│    ①子どもの状況                        │
│    ②家族・虐待の当事者の状況                │
│    ③家族を援助する環境条件                 │
│     ・家族内での援助関係の可能性             │
│     ・家族外での援助関係の可能性             │
│     ・専門機関の援助関係の可能性             │
└──────────────────────────────────┘
        ↙                        ↘
┌──────────────────┐   ┌──────────────────┐
│ 緊急介入が必要か         │   │ 初期対応でよいか         │
│  ①生命の危機的状況       │   │  ①子どもと毎日接することが  │
│  ②重症化の可能性がある    │   │    できるか             │
│  ③性的虐待が起こっている   │   │  ②子どものことで保護者と話が │
│  ④子どもの状況が不明      │   │    できるか             │
│  ⑤その他の危機的状況     │   │  ③虐待を疑う状況がある     │
│                    │   │  ④当面は重症化の可能性が少ない │
└──────────────────┘   └──────────────────┘
        ⇩                        ⇩
┌──────────────────┐   ┌──────────────────┐
│ 具体的対応             │   │ 具体的対応              │
│  ①子どもの危機的状況からの  │   │  ①記録を残すこと（子どもの  │
│    分離                │   │    個別記録、保護者の発言・ │
│  ②児童相談所への通告     │   │    態度、子どものからだの  │
│  ③キーパーソンの確定と対応  │   │    写真など）           │
│    チームの編成          │   │  ②緊急避難先の確保       │
│  ④必要な場合は、警察へ通報 │   │  ③児童相談所・行政の担当への│
│  ⑤親への保護の必要性の説明 │   │    通告                │
│  ⑥子どもへの状況説明     │   │  ④援助体制の整備         │
│  ⑦継続的な援助体制の確立  │   │  ⑤情報の継続的収集       │
│                    │   │  ⑥専門機関とのネットワークづくり│
│                    │   │  ⑦職員会議での継続的課題   │
└──────────────────┘   └──────────────────┘
```

な手立てです。保護者に対応の方法についてていねいに説明をし、納得をしてもらう努力をすることも課題としてあります。その際、保護者にも援助者であり続けることを伝えていくことがたいせつです。また、子どもへの状況の説明をどこでだれがおこなうのかも専門機関の連携のなかで決めていくことが必要です。

　初期対応では、記録を残すことを徹底しておくことが必要です。必要に応じて緊急避難・家族のなかの援助者の確保という課題もはっきりしておくといいでしょう。初期対応でよしとするケースでも重症化することになりやすいのが虐待問題の基本的な特徴です。

　このように時系列的に速やかに対応することが虐待問題での保育所・幼稚園内での実践として求められています。そうした対応が重症化を防ぐ手立てともなっていくのです。

9●事例研究をおこないましょう

　虐待はその現れ方がじつにさまざまであり、どれひとつとっても同じケースはありません。ここに書いていることは、基本的な対応のパターンであり、実践の参考資料というべきものです。ひとつのたたき台として検討していただければと願っています。

　虐待問題への対応は、今後さらに専門職の専門性の中身として問われてくるでしょうし、予想しない事例も多くなってくると思います。そうした時代状況のなかで、マンネリズムに陥らないためのひとつのとりくみは、事例研究をリアリティを持っておこなうことです。

　リアリティを持っておこなう事例研究とは、子どもと保護者の現在を知ることであり、そのために援助者としてかかわるなかで、そのつぶやきや訴え、虐待環境がどのような家族的社会的背景としてあるのかという情報を集めたなかで、実践のあり方を問うことです。いま現在、求められている積極的介入と援助のあり方を真摯に追求することが事例研究

のあり方をも問いなおしていくのではないでしょうか。　　　（浅井春夫）

【参考文献】
・浅井春夫『子ども虐待の福祉学』小学館 2002 年
・浅井春夫『子どもの権利と「保育の質」』かもがわ出版 2003 年
・浅井春夫『保育の底力』新日本出版社 2007 年
・日本子ども家庭総合研究所編『子ども虐待対応の手引き』有斐閣 2005 年
・ハワード・ドゥボヴィッツほか編『子ども虐待対応ハンドブック』明石書店 2005 年

2 ── 関係機関との連携

1　児童相談所・福祉事務所

1●児童相談所

❶ 児童相談所とは

　児童相談所は、児童福祉法（以下、児福法）に基づく行政機関で、各都道府県および指定都市に設置が義務づけられています。また、2004（平成16）年の児福法の改正により、中核市などでも設置できることとされました。

　児童相談所は子どもの福祉に関するさまざまな相談に応じ、それぞれの問題解決に必要な援助を提供するところです。また、子どもの生命、発達、権利を守る第一線の機関です。

　相談の対象は、0歳から18歳未満の児童です。相談は子ども本人、家族親戚、保育所、学校、そのほか子どもを取り巻く福祉、司法、医療関係者や機関などだれからでも受け付けます。

　相談の内容は養護（家庭で子どもを育てることができない、虐待や放任で育てることが不適当等）に関すること、非行（盗み、家出、乱暴等）に関すること、障害（知的、肢体不自由、自閉症、発達障害等）に関すること、育成（不登校や性格、行動、しつけ等）に関することなど幅広いものとなっています。

　相談には専門の職員があたります。児童福祉司（ケースワーカー）、児童心理司、精神科医・小児科医（嘱託医を含む）、指導員、保育士などが

チームで対応します。また援助方針の決定は合議制でおこないます。
　このチーム制と合議制は、児童相談所の大きな特徴です。これによって異職種相互の有機的連携が可能となり、児童とその環境を総合的に理解した援助をおこなうことができます。

❷ 児童相談所の機能と役割

　児童相談所のおもな機能としては、相談、調査、判定、指導、一時保護などがあります。児童相談所の援助プロセスは、**図1**の通りです。
a．相談
　児童相談所では児童に関するあらゆる問題について家庭や児童本人からの相談、地域住民、関係機関からの相談や通告、市町村、家庭裁判所からの送致を受けて援助活動を展開します。
　より適切な相談援助をおこなうために、受け付けた事例は定例的に開く所内の受理会議において、主たる担当者や調査内容、一時保護の要否などについて検討します。
b．調査・診断・判定
　調査は児童や家庭等の状況などを知り、それに基づき児童や家庭にどのような援助をおこなうかを決めるためにすすめられます。調査方法は児童とその家族や関係機関等に対して、児童相談所への来所や家庭等への訪問による面接、電話、文書による照会などでおこないます。
　受け付けた相談については主に地区を担当する児童福祉司による児童や保護者のおかれている環境、問題と環境との関連、社会資源の活用の可能性等を明らかにする社会診断、児童心理司による児童の能力や性格傾向等を明らかにする心理診断、医師（精神科医、小児科医）による医学診断、一時保護所の指導員や保育士による基本的生活習慣、日常生活の状況、入所後の変化等による行動診断等からの総合判定が定例の会議によって協議され、個々の児童に対する援助が決定されます。

c．指導（在宅指導）

児童を家庭に置いておこなう在宅での指導には次の形があります。
- 児童とその家族に対して子育てなどに関する助言をする助言指導。
- 児童や家族を児童相談所に通所させカウンセリング、心理療法をおこなう継続指導。
- 地域の関係機関などと継続的に連携をとりながら、児童とその家族を援助する児童福祉司指導。
- 児童と家庭のより身近な機関等である福祉事務所への送致や、民生委員や家庭支援センターに指導を委託。

d．施設入所

在宅の指導では問題解決が困難と判断される場合には、乳児院・児童養護施設・各障害のある児童の施設・児童自立支援施設に入所させ、児童の保護と自立を援助します。

その際、施設入所には原則として親の同意が必要ですが、同意を得られない場合には家庭裁判所に申し立てその結果施設入所をおこなうこともあります。

さらに、家庭生活の経験がない児童、長期にわたって家庭生活の望めない児童等、特定な大人との安定したかかわりが必要な児童は一般家庭で生活しながら自立を図る、里親委託措置をおこないます。

また、非行を犯した児童で家庭裁判所の審判に付することが適当であると認められた児童を家庭裁判所に送致し、家庭裁判所の判断で児童自立施設へ入所する場合もあります。

e．一時保護

一時保護には原則として保護者の同意が必要ですが、同意が得られない場合には、児童相談所長が必要と認めたときには児童を一時保護することができます。保護する場所は児童相談所に付設の施設を使いますが、児童の状況によっては警察、病院、児童福祉施設等に委託する場合もあります。一時保護は行動観察、緊急保護対応、短期入所指導のために利

図1 児童相談所の相談の流れ

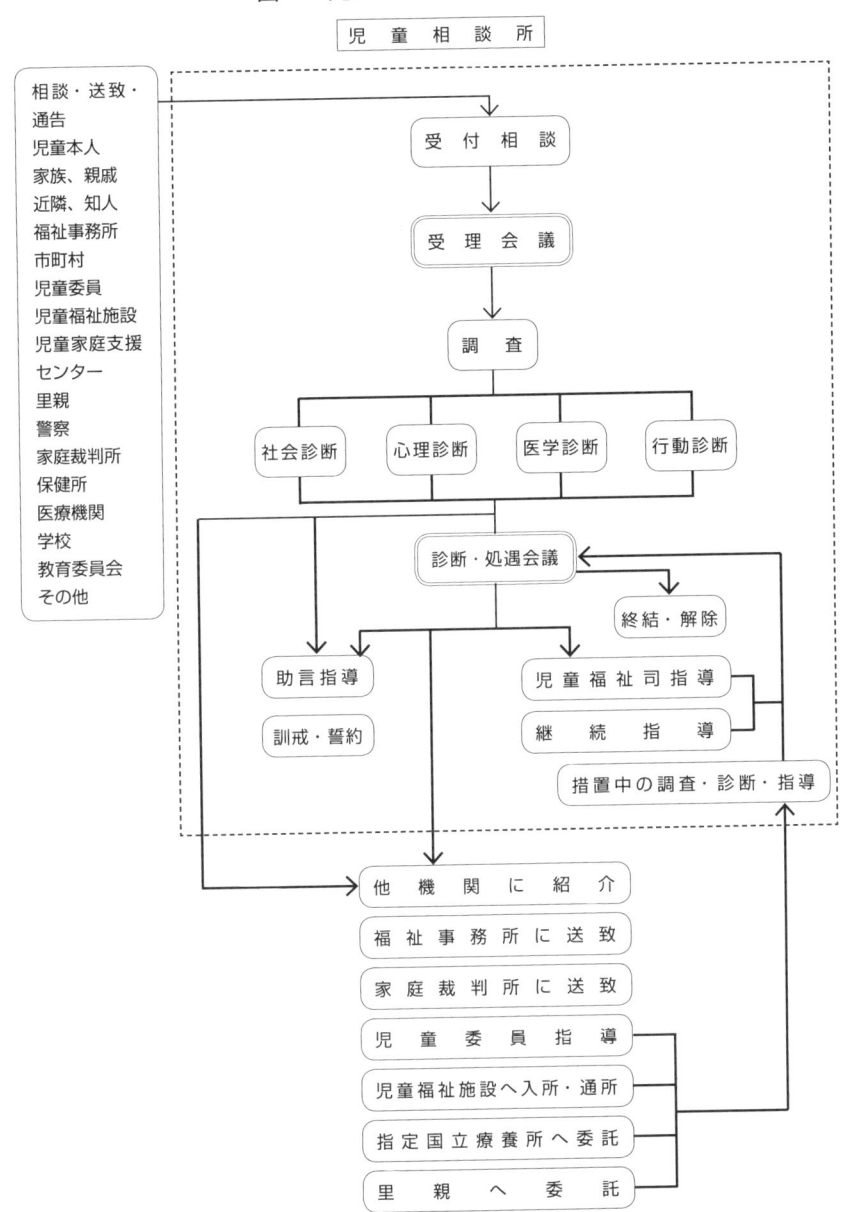

児童相談所

相談・送致・通告
- 児童本人
- 家族、親戚
- 近隣、知人
- 福祉事務所
- 市町村
- 児童委員
- 児童福祉施設
- 児童家庭支援センター
- 里親
- 警察
- 家庭裁判所
- 保健所
- 医療機関
- 学校
- 教育委員会
- その他

受付相談 → 受理会議 → 調査 → 社会診断／心理診断／医学診断／行動診断 → 診断・処遇会議 → 終結・解除

- 助言指導
- 訓戒・誓約
- 児童福祉司指導
- 継続指導
- 措置中の調査・診断・指導

- 他機関に紹介
- 福祉事務所に送致
- 家庭裁判所に送致
- 児童委員指導
- 児童福祉施設へ入所・通所
- 指定国立療養所へ委託
- 里親へ委託

出典）平成18年度埼玉児童相談所業務概要「埼玉の児童相談所」より

用されます。保護期間は原則2ヶ月ですが状況によっては延長もできます。

❸ 虐待にどのように対応するか

被虐待児への対応は、おもに「児童福祉法（以下、児福法）」と「児童虐待の防止等に関する法律（以下、防止法）」に基づきおこなわれます（法律面での詳細は3章3節をごらんください）。
児童相談所の対応は以下の通りです。

a．通告・相談の受理
相談を受けた場合、臨時の受理会議を開催する等、担当者や当面の対応方針などについて機関として決定をおこないます。

b．調査
関係機関などから当該家族と児童に関する可能な限りの情報を急いで集め、事態をとりまく状況の正確な把握につとめます。その際、面接などの手段によってその子の安全を確認し、危機状況の評価と緊急性を判断します。調査に際しては、客観的な判断が求められることもあるため、複数職員での対応を原則とします。緊急を要する場合や子どもの安全が確認できない場合には警察の協力も得て立ち入り調査をおこないます。また、緊急か否かの判断は**表1**のとおりです。

c．一時保護
調査の結果、緊急性が高い場合は、一時保護あるいは入院など、子どもの安全を確保するため分離保護を優先します（必要によっては警察の協力を得ることもあります）。

d．援助方針の決定
調査や心理検査、医学的診察、一時保護中の観察結果を踏まえて子どもにとっての最善の援助を決定します。

e．在宅援助

表1　緊急性の高い場合の例

- 生命の危険があるとき（頭蓋内出血、溺れて窒息状態、内臓出血など）
- 身体的障害を残す危険があるとき（骨折、ヤケドなど）
- 乳幼児期で身体的虐待が繰り返されているとき
- 極端な栄養障害や慢性の脱水傾向があるとき
- 親が子どもにとって必要な医療処置をとらないとき
  （必要な薬を与えない、乳児の下痢を放置するなど）
- 子どもの家出や徘徊が繰り返されているとき
- 虐待者が非常に衝動的になっているとき
- 性的虐待が強く疑われるとき
- 子どもや保護者が保護を求め、訴える内容が切迫しているとき
- 不登校（園）などで子どもに会えない。家庭訪問しても何かと理由をつけて子どもにあわせない。子どもの状況がわからないとき

　緊急でない場合は、在宅で養育環境の調整をはかる児童福祉司指導があります。親子関係の調整や家族への指導、子どもの心理治療をおこなうことで子どもの安全を確保できることが可能になるからです。

　児童福祉司指導（児福法第26条、27条）は必要に応じて家庭訪問をする場合や児童相談所に親子で来所してもらい、継続的に援助し、養育環境の調整をします。また関係機関との協力も欠かせないので相互の連携をはかります。

　一方で、虐待された子どもの心理治療（プレイセラピー、カウンセリング）をおこなっています。家庭では得られなかったおとなとの安心した人間関係の中で子どもが心の傷をいやし、自分の存在や自己イメージについて、肯定的なものとしてとらえ直せるように援助します。また、保護者に対しては、虐待してしまった事実を見つめ直し、子どもへの理解を深め、家族関係を理解し親子関係を修復する努力ができるように継続して援助していくこともおこなわれるようになってきました。

　そして、機能不全を起こし、虐待という形で救助信号を出している家庭を理解し支える努力をしています。

f．施設入所・里親委託など

　在宅では子どもの安全が図れない場合には、児童を家庭から離して親

子関係の悪循環を解消し、児童の安全と発達を保障する必要があります。このため児童の年齢や状況に応じて乳児院や児童養護施設に入所させたり、里親へ委託する措置が取られます。養育者がその措置に反対する場合は家庭裁判所に対し施設入所措置等の承認の申し立てを行い、その承認に基づき当該措置をとることになります。（児福法第28条）

入所した児童に対しては安全と安心のできる生活が保障される一方で児童の自立を図るためには、虐待から受けた心身の治療が不可欠です。施設内の心理療法士による心理治療や精神科への受診等が行われることもあります。

また家族再統合を図るため、施設と家族との調整も積極的におこなうよう施設に職員が新たに配置されました。この職員（ファミリーソーシャルワーカー）によって保護者、児童相談所とともに家族の再統合がおこなわれるようになりました。防止法では保護者へは施設入所後も面接や訪問による指導はおこなわれ親子の再統合が図れるように配慮されることになっています。保護者は児童福祉司指導措置がとられた場合には指導を受けなければならないこと（第11条2項）、保護者がその指導を受けないときには、都道府県知事は保護者に対し指導を受けるように勧告されることができると規定されています（同条3項）。

在宅の援助でも、親子分離の際でも最終的な目標は、子どもの人権擁護と発達を保障し、親子関係の調整をはかることです。

児童相談所は施設入所後も施設、子ども、保護者と接触を保ち継続的な援助をおこないます。面会や外泊、家庭復帰や児童の自立援助の調整も重要な仕事です。

その一方で子どもがおかれている現実の状況や援助の効果についてたえず評価し判断しなくてはなりません。そのうえで、保護者に対しては保護者の意に沿わないことであっても、児童相談所の判断として児童の福祉が優先されることを伝える役割も担っています。保護者が児童相談所の援助方針に従わずに勝手に面会や引取り行為をする場合は緊急の一

時保護や面会や通信の制限がされることもあります（防止法第11条、第12条の4、第17条）。

　"保護者への信頼関係に基づく指導"と"毅然とした態度での言い渡し"という二つを同時におこなうことは大変に困難です。どのような形の援助であっても児童相談所は子どもの権利擁護をおこなうために保護者と誠意を持って向き合い、保護者との相談関係をたいせつにしています。

　児童相談所の虐待ケースへの対応は、防止法の制定以来、積極的に取り組んできましたがまだまだ十分とは言えません。しかし、防止法では医療、福祉、教育機関には早期発見・通告の義務を明記しています。また、その後の対応についても連携がとれるようになっており、子どもの安全と発達を守るようますます積極的な対応を期待されています。

　虐待に気づいた時、発見者には、福祉事務所または児童相談所へ通告する義務があります（防止法第6条、詳しくは3節「法的諸問題」を参照ください）。被虐待児童の通告は国民一般に課せられた義務です。

　関係者の電話からでも相談をはじめることができます。文書、来所などどのような方法でも相談、通告は可能です。たとえば、保護者には相談する気持ちはないが問題であると思われる場合、児童相談所への相談をどのように保護者にすすめたらよいかわからない場合、また関係機関として子どもや家庭へのかかわり方がわからない場合なども、とにかくご連絡ください。

　発見機関として通告する場合には、「児童相談所に対して求めること」を文書で連絡すると状況が理解しやすく、組織としての対応もしやすくなります。もちろん第一報は電話で充分です。

　虐待か否かの判断は、児童相談所等受理機関がおこない、たとえ通告が誤りであっても責任は問われません。また、通告者や内容をそのまま養育者に伝えることは禁止されています。通告受理後は関係機関などと充分協議しながら、協力して子どもと家庭への援助をおこないます。

虐待ケースへの対応は児童相談所だけではできません。関係機関との連携が必要です。通告後も児童相談所と連絡を密にし、現況や情報の相互理解、安全確認を続け、援助方針の共通認識をはかることが重要です。児童相談所の組織のあり方や機能、役割が不明なこと、連絡がとりにくいこともあると思いますが、あきらめずに繰り返し、いろいろな方法で連絡をとってください。

2 福祉事務所・市町村

福祉事務所は、都道府県、指定都市、市および特別区に設置が義務づけられています（社会福祉事業法第13条）。生活保護法、老人福祉法、身体障害者福祉法、知的障害者福祉法、母子および寡婦福祉法、児童福祉法のいわゆる福祉六法関係の業務をおこなう、福祉行政の第一線機関です。町村は任意で設置できることになっており、無いところは都道府県の福祉事務所がおこなうことになっています。

「福祉事務所」というと、一般にはなじみの薄い名称かもしれませんが、たとえば「福祉課」「障害福祉課」「女性児童課」など担当別に課が設けられています。

しかし、地域や家庭における子育て機能が脆弱ななかで、地域に密着した多様できめ細やかな子育てサービスが重要な課題となり、2003（平成15）年（次世代育成支援対策推進法・児童福祉法）より、市町村が各種子育て支援サービスに関して情報提供をおこない、保護者がもっとも適切な子育てサービスの利用ができるよう総合的なコーディネートをおこなうことになりました。また前述しましたように、2004（平成16）年（児福法改正）に従来の児童相談所による児童相談の一極集中の体制が改められ、市町村が児童相談の一義的窓口と位置づけられるとともに、児童相談所はより高度な専門的対応や法的対応が必要なケースに重点化されることになりました。

市町村では、子どもに関する相談としては、保育所や助産施設の利用、母子自立支援施設の入所利用、婦人相談センターなどへの母子の緊急保護、ひとり親家庭への援助などがあります。

　都道府県や市の福祉事務所には地域に密着した家庭児童相談室が設置されています。取扱い事項は、家庭における児童養育の技術に関する事項、児童にかかわる家庭の人間関係に関する事項、その他家庭児童の福祉に関する比較的軽易な事項を担当します。医学的、心理学的、教育学的、社会学的および精神保健上の判定や、専門的な知識や技術援助は児童相談所の業務として位置づけられています。

　子育てについて心配な家庭や子どもの虐待が疑われる場合は、身近な市町村の窓口で相談ができます。市町村では2004（平成16）年から「要保護児童対策地域協議会」が法定化され、地域のネットワークが構築されることになりました。そして必要な情報の交換、資料提供、支援内容の協議等がおこなわれ具体的な支援がはかられるようになりました。また、2008（平成20）年度からは市町村・福祉事務所は児童相談所とともに児童の安全確認が義務づけられました。

　今後も児童虐待については児童相談所と連携をとりながら対応につとめ、虐待の防止、早期発見、指導への対応が期待されています。

3 ● 事例の紹介

3歳女児母からの身体的虐待の事例

　第一報は、保育園の保育士からの電話でした。内容は「母親が担当の保育者に対して、『叩いてはいけないと思っても顔を見ているとカッとなり、ひどく叩いてしまう』『かわいいと思えない』『子どもにウソが多い』と訴えている。子どもにもアザや傷があって表情が暗い。保育園として今後、保護者や子どもに対しどのようにかかわっていけばよいかわからない。どのように児童相談所へ相談していけばよいかわからないの

で、教えてほしい」という内容でした。

　とりあえず、その電話で傷の程度、医学的診察の必要の有無、いつごろから、だれに、どのような形で、どのくらいの頻度で虐待がおこなわれているか。また、家族の状況、登園の状況、子どもの心身の発育の状況を調査し、臨時受理会議を開き、当面の対応について協議をおこないました。また居住している市町村からも家庭や保護者などに関する情報を収集し、その結果、子どもは毎日保育園に登園して、無事でいることなどがわかったため、当日の緊急保護はおこなわず、近いうちに保育園を訪問しながら調査の継続をすることになりました。

　市町村と保育園には、協議結果を伝え、保育士には母親の困りようにじっくり耳を傾けてもらう役割をお願いし、もし母親が子どものことで困っていたら児童相談所への相談をすすめてもらうことにしました。また、保育園全体で子どものようすを細かく観察してもらい、何かあれば家庭の身近にある市町村も含めてすぐに連絡を取りあう手はずを整えました。

　その後、母親は複雑な家族関係や子どもの養育で悩んでいることを保育者に相談するようになり、子どものようすを知るために児童相談所にも行ってみたいという気持ちになりました。

　児童相談所では来所した父母と面接し、保育園や家庭への訪問をしたりして市町村とも連携を取り合いながら調査をおこないました。

　また、子どもの心理診断、精神科検診もおこないました。その結果、①子どもの発達、性格、行動にはそれほど虐待の影響は出ておらず、父母の対応が変化することで十分対応できる範囲のもの。②子どもの安全確認は毎日保育園で把握できること。③父母ともに子どもに愛情があるが、かかわり方に混乱がある。しかし、他者の援助を受け入れる用意はあること。④子どもと家庭をとりまく関係機関がこの家族を受けとめ、協力してやっていこうという意欲と体制があること、などが判明し、子どもと家族への心理的、ケースワーク的援助を継続しておこなうことが

適当であると判断され、在宅指導の方針を決定しました。そして、来所や家庭訪問による援助を開始し、父母の了解を得て保育園とも連携をとり状況を確認しあい、市町村の協力も得て指導に当たりました。

その後、父母間で子育て方針の不一致による離婚話や母が子に手をあげてしまうなど、何度も親子関係に危機が訪れ保護を検討したこともありましたが、やがて家族関係や親子関係は改善され、地域の関係者の家族へのかかわりも増え、家庭状況は安定し虐待はなくなり、子どもにも笑顔が戻りました。

この事例では、保育者が一人で悩むのではなく、保育園全体の問題として考え、早い段階で児童相談所や福祉事務所との連携を検討したこと、保育園全体で家族を支援したこと、地域もそれにあわせて家族に温かいかかわりをしたことなどが家庭状況の改善に大きく影響したと思われます。

児童相談所の利用方法の問い合わせの電話から、保育園と児童相談所が中心になって地域関係機関とも連携をはかり、親子関係の調整がはかれた事例です。

（佐藤　協子）

【引用・参考文献】
・津崎哲郎『子どもの虐待』朱鷺書房 1992 年
・厚生労働省『児童相談所運営指針』2006 年
・埼玉県『児童虐待対応マニュアル』2006 年
・保育士養成講座『児童福祉』全国社会福祉協議会 2007 年

2 保健所・保健センター

1 ● 保健所・市町村保健分野（保健センター）の役割

　保健所は地域における公衆衛生の中心となる機関で、都道府県や政令市に設置されています。また、保健センターは身近な対人保健サービスをおこなっている機関で、各市町村に設置されています。なお、自治体により保健所や保健センターの名称が異なる（たとえば、保健福祉センターなど）こともありますが、ここでは保健所、保健センターという名称で述べていきます。

　保健センターでは、乳幼児から高齢者まで住民に身近な対人保健サービスをおこなっています。具体的には、乳幼児健康診査、予防接種、各種健康相談、精神障害者の社会復帰の相談などをおこなっています。

　保健所は、広域的・専門的な対人保健サービスをおこなっています。具体的には、精神保健福祉・難病・未熟児・感染症などに関する相談をおこなったり、医療費の公費負担申請の窓口となったりしています。さらに、市町村の保健分野の活動を支援していく役割もあります。

　保健所や保健センターは、子どもの虐待に対しては、早期発見をおこない、虐待を予防（発生・進行・再発を予防）するためのとりくみをおこなっていく役割があります。

2 ● 専門職配置の利点と活用方法

　保健所や保健センターには、公衆衛生に関する専門職が複数配置されています。健康に関してさまざまな相談や事業をおこなっているので、

連携を取っていくことで、気になる子どもとその家族に幅広い切り口で介入できる可能性があります。

　保健所では、所長は医師です。保健師は必ず配置されており、その他、精神保健福祉士、栄養士などが配置されています。また、決まった相談日に外部の精神科医などが来て相談をおこなうこともあります。

　保健センターでは保健所と比べて専門職の職種が少ないですが、保健師は必ず配置されており、ほかに栄養士などがいることがあります。

　地域によって職種の配置が異なるので、地元の保健所や保健センターにどんな職種が配置されているのかを把握しておき、いざというときにうまく活用していくとよいでしょう。

3 具体的にできること

　保健所や保健センターでは、子どもの虐待に関して、児童相談所のような強制力をともなう権限はありません。しかし、育児や健康に関するさまざまな相談や事業を通して、すべての住民が地域のなかでより健康に生活できるよう「子育てのパートナー」的な立場で支援をおこなっています。

　とくに、保健師は健康に関するいろいろな理由で家庭訪問ができるという特徴があります。家庭訪問することで、家族の状況、家庭での生活のようすや環境などを把握することができるので、状況にあわせた具体的な方法を考えながら、家族全体を支援していくことが可能となります。

　地域によって多少の差がありますが、ここでは、一般的な保健所・保健センターでできることを挙げてみました。

❶ 虐待や育児不安の発見と発生の予防

　保健センターの母子保健事業では、妊娠届を提出したところからかか

わりがはじまり、とくに就学前までの子どもや親へかかわる機会が多くなっています。なかでも、乳幼児健診は、乳幼児期に複数回（乳児、1歳6ヶ月、3歳など）おこなわれており、ほぼ全部の子どもと親に会うことのできる場です。子どもの発育・発達の状況や親のようすなどが把握できるので、虐待や育児不安を早期発見し、継続的な支援につなげていくきっかけとなります。

そのほか、母親（両親）学級、新生児訪問、予防接種、離乳食教室、育児相談など、妊娠中から参加できる母子保健事業を実施しています。これらの場を活用して、育児に関する正しい情報を伝えたり、親が育児に自信を持ってもらえるような働きかけをしていったり、仲間づくりをすすめたりしながら、育児不安・困難を減らして虐待の発生を予防するためのとりくみをしています。

保健所の母子保健事業では、未熟児や慢性疾患児等のいる家族への相談や家庭訪問などをおこなっており、かかわりの中から気になる親子を発見し、継続的な支援をおこなっていくことができます。

また、精神保健に関する相談や成人・老人を対象にした事業の中でも、家庭環境などを把握していくなかで、子どもの虐待や育児不安を発見して支援につなげていくこともあります。

❷ 家族や子どもへの支援

さまざまな場面で把握された支援の必要な家族には、おもに保健師が家庭訪問や面接などにより継続的にかかわっていきます。その中で、必要なサービスを導入したり、他機関との連携をとったりして地域での生活を支援しています。

保健師の個別のかかわり以外にも、育児不安などを軽減して虐待を予防するためのさまざまな事業を実施しています。たとえば、子どもの発育・発達に問題がある場合などは、親子教室や発育発達相談などで、子

どもや親の支援をしていきます。おもに保健所になりますが、虐待をしている、育児不安が強いなどの親を対象としたグループミーティングを実施し、虐待を防止するようなとりくみもおこなわれています。また、親や子どもがうつ的な気持ちが強い、精神的な問題がありそうだというような時には、精神科医による相談を活用することもあります。

❸ 子どものことで一番困っている人への支援

子どもや家族への直接的な支援のみでなく、子どもの虐待を発見したり、虐待のおそれがある家族を心配していたりする人に対して、いっしょに対応を考え、必要な情報を提供していくこともできます。

また、子どもや親にかかわっている関係機関の人たちの支援をおこなうことも多くなっています。個別の事例への支援のみでなく、どのような対応をしていったらよいのか事例検討や研修を実施することもあります。

❹ ネットワークづくり

虐待の対応ではネットワークを組んでいくことが欠かせませんが、保健所や保健センターでは日常業務の中で他機関と連携をとっていくことが多いので、虐待のケースでも日頃のつながりを生かして、ネットワークを組んでいくノウハウを持っています。

最近は、要保護児童対策地域協議会が設置されている市町村も増えていますので、事務局となる部署と連携を取りながら、ネットワークがうまく機能していくように積極的にかかわっていったりしています。

❺ 地域住民への啓発活動

　子どもの虐待について地域社会での理解を深め、早期発見や予防につなげていくため、一般住民などを対象にした子育てや心の問題に関する講演会などを開催しています。また、子育てに協力してくれる人材を育成している自治体もあります。

4 連携のコツ

❶ だれに連絡を入れるのか

　保健所・保健センターで、子どもの虐待への対応は保健師が中心となりますので、まず、保健師に連絡を入れてみるとよいでしょう。

　保健師の所属する課や係の名称は各自治体によって異なり、各保健師の受け持ちも「母子保健」「精神保健福祉」などの業務別になっていたり、居住地域ごとであったりとさまざまです。連絡をするときには、「問題を抱えている家族が居住する地域名」と、「乳幼児のことで相談がしたい」あるいは「親の精神的な問題で相談したい」などを伝え、担当の保健師につないでもらってください。

　しかし、このような連絡をしても反応がよくない場合や拒否的な反応を示す場合もあります。その保健所・保健センターによって虐待に対する認識に差があったり、保健師個人の経験が少なかったりということが影響します。一度ダメでも何度か連絡をするうちに変わっていくこともあります。担当者が動かない場合は上司へ連絡をしたり、保健所がだめなら保健センターへ連絡をしたり、「子どもを虐待から守る会」などへ相談したりと、あきらめずに協力者を求めましょう。

❷ どんなふうに依頼をするのか

　保健所・保健センターへ連絡をする前に、問題となっているケースの状況をまとめ、何が問題となっているのか、何をしてほしいのかを考えておくと相手に伝わりやすくなります。たとえば「母親が育児に不安を持っているようなので母親の育児相談にのってほしい」「親に精神疾患があるようだが、親への対応について協力してほしい」などと伝え、相談を持ちかけてみてください。

　一番たいせつなのは、"子どものことが心配でなんとかしたいので協力してほしい"という思いが伝わる依頼をすることです。何がしてもらえるかよくわからない時は、「子どもが心配なのでいっしょに考えてもらえないか」「ここが困っているのだが、保健所（保健センター）でいっしょにかかわってもらうことはできるだろうか」ということでもかまいません。

　最初は電話で連絡を取ることが多いと思いますが、その後は、必ず顔を合わせて相談するようにしていきましょう。

❸ 連携を維持するために

　せっかく連携できるようになっても、だんだん尻つぼみになったり、担当者が異動したらうまく連携できなくなったりすることがあります。とくに保健所は数年で必ず人事異動がありますので、担当者が変わっていないかチェックが必要です。連携を維持させていくためには、定期的に連絡を取り合うようにしましょう。

　お互いの持っている情報を報告して、それぞれ何ができるのかを確認し、必要ならば他の関係者を巻き込んでいきます。そして、次回の検討の日を決め、それまでに何をしておくかを決めておきましょう。基本的

にはその繰り返しとなります。忙しさにかまけて連絡を忘れがちになったり、子どもが安定してくると終了したような気持ちになったりすることもしばしばありますので気をつけましょう。

　行き詰まりを感じたり、相手の動きがわからなくなったりした時には、事例検討をおこない、かかわりを見直すことも必要です。必要に応じて、スーパーバイザー（虐待に関する理解の深い助言者）に入ってもらうことも考えましょう。保健所などでは、事例検討をおこなうことに慣れていますので、気軽に提案してみてください。　　　　　　（大塚　陽子）

【参考文献】
・徳永雅子『子ども虐待の予防とネットワーク〜親子の支援と対応の手引き〜』中央法規 2007 年
・日本子ども家庭総合研究所編『子ども虐待対応の手引き』有斐閣 2005 年
・渡辺好恵他「市区町村保健分野での子ども虐待在宅養育支援の手引き〜児童虐待予防における在宅養育支援のあり方に関する研究〜」『児童虐待等の子どもの被害、及び子どもの問題行動の予防・介入・ケアに関する研究』（平成 18 年度厚生労働科学研究費補助金子ども家庭総合研究事業報告書）2007 年

3 医療機関との連携

1●医療機関とのつきあい方はむずかしい?!

　子どもの虐待対応において、「相談」や「対人保健サービス」を主にしている児童相談所や保健関係機関と異なり、医療機関との連携は難しいと感じている方は意外に多いのではないかと思います。というのも、小児科を掲げている開業医ならともかく、いくら近くに総合病院や大学病院があっても、そもそもそこに小児科があるのか、子どものことをみてくれる医師がいるのか、いてもはたしてどんな先生なのかというようなことは外からはわかりづらいからです。

　また、小児の専門病院であっても、「受診するには、医師からの紹介状が必要です」とけんもほろろに言われてしまうと、学校や保育園で"できれば受診させたほうがいいのでは？"と思う子どもがいても、いったいどのようにして連携をとればよいのかわからない、という思いを抱くのも無理はありません。

　ここでは、医療機関が、実際に虐待を受けたり、また不適切な養育環境が心配される子どもたちとどんなふうに接点を持ち、院内外でどのような連携をとっているのかを、医療機関に勤務するソーシャルワーカーの立場から紹介させていただきます。

2●医療機関での虐待を受けた子との出会い

　医療機関で出会う虐待ケースは、年齢によって、また重症度によっていくつかに分けられますが、ここでは、現場で保育や教育にあたってい

る先生方と関係が深いと思われる三つの場合をご紹介します。

　第1は、生命に直結するようなもっとも重症度の高いケースです。具体的には、長期にわたって十分な食事を与えられておらず極端な体重減少や脱水、多臓器不全をおこしてしまった等の極めて重症のネグレクト、また、家庭内でひどく殴打されたり、皮膚にタバコを押し当てられたりといった身体的虐待です。こうした場合は待ったなしに医療機関の介入が必要になります。

　呼吸困難で入院した保育園児の身体にいくつかのヤケドの跡があり、念のために撮った全身の骨のレントゲンフィルムで複数箇所の骨折跡が見つかったことがありました。また、子ども自身と母親の希望で施設入所が決まったある小学生は、施設に入るのに感染症がないかおこなった採血の結果、重症の貧血があることがわかり、内臓の損傷が疑われて急きょ入院になりました。

　これらはほんの一例ですが、目で見ただけではわからない身体の状態を、放射線検査や採血・検尿などの生理学的検査を通して客観的に明らかにできることが、医療機関の大きな特徴のひとつです。

　第2は、重症な身体的虐待とはいえないけれど放置しておくと将来的に子どもの成長発達になんらかの影響をおよぼす可能性のあるケースです。たとえば、同じ年齢の子どもたちと比べ著しく身長が小さいとか、虫歯が多いというような場合です。

　学校健診などで医療機関への受診を促しても親がいろいろと理由をつけて受診させないような場合もありますが、その時期に受診しないことで、治療の時期を逃してしまい、結果として病気が進行する可能性があります。こうしたケースでは、機会をとらえ、なるべく早期に医療機関との連携をすすめることが必要になります。

　最後は、虐待の結果生じた心の傷を癒し、健康な心を育てるために専門医の支援が必要なケースです。保育園や幼稚園、さらに学校で"扱いづらい子"と思われがちな子の中に、被虐待児が比較的多いことはよく

知られています。

　また、虐待が繰り返されることで自己肯定感情が持てなくなり、「自分は存在価値のない人間だ」と思い込んでしまったり、他者に対する信頼感や愛情を持つことが難しくなったりと、精神面で大きな影響が出てくることもよくあります。こうしたケースに対しては、虐待に精通した児童精神科医と連携をはかることで、子どもに対する評価を誤らず適切な対応をとっていくことが可能になります。

　実際には、ここに述べたすべてのケースに対応できる医療機関は非常に限られています。しかし、日々子どもの保育や教育に携わっている先生方が、"病院には、こうしたことも相談できるのか"という認識を持ってくださることで、子どものための連携のとり方は大きく違ってくることを理解していただきたいと思います。

3 院内の連携および他機関との連携システム

　市立病院や民間の総合病院などの第二次医療機関ないしは広域的に高度専門医療を担う第三次医療機関には、複数の診療科が存在し、複数の医師や看護師およびそのほかの職種が働いています。ここでは、医療機関の内部で複数の職種がどのような連携をはかっているのかをみていきましょう。

　虐待ケースに遭遇することの多い医療機関では、虐待ケースに遭遇した時、人と事態を横断的につなぐ何らかの工夫がなされています。その工夫のひとつが医療機関の中に設置された虐待対応チームであり、小児専門病院や大学病院を中心にそのとりくみがすすめられています。こうした院内チームがないところでは、一部の熱心な医師が個人ないしは診療科で事態に対応したり、病院によってはソーシャルワーカーが単独で対処を任されたりしていることもあり、そうした場合は組織的な判断や対応が困難になります。

私の勤務する病院でも、児童虐待防止法が施行された以降に痛ましい虐待死事件を経験しましたが、それ以前は院内には虐待に対応するための全病院的な組織はありませんでした。痛ましい事件がひとつの契機となって、一部の医師、看護師、ソーシャルワーカーのみが担っていたそれまでの活動から、病院幹部をリーダーとした全病院的な対応に変わっていったのです。年数を重ね、構成メンバーに変動はありましたが、現在、脳神経外科の副病院長をリーダーに、もう１名外科系の副病院長、未熟児新生児科、総合診療科、放射線科、精神科の各医師、看護部副部長、未熟児新生児病棟師長、小児救急看護認定看護師、ソーシャルワーカー２名で構成されています。

　組織ができた当初は、重症な虐待への対応が中心でしたが、年数を経るに従って緊急対応よりも虐待を未然に防ぐための予防活動に力点が移ってきています。以下に例を挙げ、チームがどのような働きをするかをみていくことにしましょう。

❶ 緊急性の高い重症の虐待ケース

　救急車で搬送された子どもの症状が、明らかに外傷性のものであり、家族の訴えではとうてい説明がつかないような場合、あるいはすでに心肺停止している場合の多くは、初期診療に携わった医師ないしそこに同席している看護師から、ソーシャルワーカーに一報が入ります。

　ソーシャルワーカーは、チームリーダーである病院の幹部医師にそのことを報告します。つぎに、その子の氏名、生年月日、加入している健康保険など事務でわかる情報を確認の後、診察室を出たり入ったりしながらその子どもが医療機関に運ばれた経緯、他院から紹介されてきた場合にはその紹介理由、等々を救急搬送の記録や紹介状、カルテから確認します。

　子どもが保育園や学校に在籍していたり、保健関係機関がすでに介入

していると思われる場合は、管轄の児童相談所に「まだ正式通告ではないけれど、とても気になる状況で来院した子どもがいる」ことを連絡し、周辺情報を調べてもらうこともあります。

　生命が危ぶまれるほどの重症なケースの場合は、緊急手術や救命処置が最優先されるため当然入院になりますが、身体的には入院を要するほどではないけれど、子どもの状況から「このまま家に帰せない」と判断された場合は、ベッド状況も考慮しつつ可能な限り入院してもらっています。

　こうしたケースでは、入院の全期間にわたって子どもへの治療と同時並行しながら、家族への適切な対応および関係機関との連携が非常に重要な仕事になってきます。

　極端な場合は、加害者である親が逮捕されるような事態も想定されますが、その場合には親がいない状況でも子どもが安全に最善の治療が受けられるような環境を整えることが必要になります。

　以上述べたようなケースにおける虐待対応チームの役割は、ⅰ）入院を要するかどうかの見極めを含めた初期の虐待重症度判定、ⅱ）主たる診療科の決定、ⅲ）検査の内容・方法に関する主治医へのアドバイス、ⅳ）児童相談所への虐待通告や警察への通報をおこなうか否かの決定、ⅴ）身体所見に関する虐待の評価、ⅵ）院内外職員とのケースカンファレンスの設定、ⅶ）警察を含む関係機関や、院内職員に対して虐待という観点からの意見表明など多岐に渡っています。

❷ 放置しておくと子どもの成長発達に何らかの影響を及ぼす可能性のあるケース

　虐待対応チームの活動がすすんでくると、先に述べたような明らかな身体的虐待とはいえないが、そのまま放置しておくと、将来的に子どもの成長発達になんらかの影響をおよぼす可能性がある事態への対処が、

じつは虐待予防という観点からとてもたいせつであることがわかってきます。

　このようなケースでは、虐待対応チームが前面に出て対応することは少ないのですが、そのまま放置した場合に起こりうる身体的問題や親子関係の問題など、将来の予後予測をたてて行動することが非常にたいせつになってきます。

　具体的には、決まって夜間にぜんそく発作で受診を繰り返したり、タバコの誤飲で何回も救急車で来院する子ども、あるいは1ヵ月ごとに受診していても、体重計測でほとんど体重が変わらないか逆に減少してしまっている子どもなどです。

　当センターでは、こうしたケースに気づいた医師または看護師がソーシャルワーカーに一報入れるような流れになっています。連絡を受けたソーシャルワーカーは、経済的な問題や家族の問題が背景にありそうな場合は、直接保護者と面接し、具体的な制度や相談窓口を紹介しています。面接の中で、母親が育児に疲れ切っていて「子どもといっしょにいるのがつらい」といった訴えに接することもあります。そうした場合は母親自身のつらい感情をじっくりと伺ったあとに、母親の了解を得てほかの家族や院内の関係するスタッフ、あるいは地域の関係機関に連絡をとらせていただき、いっしょに問題解決の方法を考えていきます。

　また、夜間の受診ですでに子どもが帰宅していたり、なんらかの事情で直接面接ができない場合には、「はじめての出来事か？　繰り返しているか？」とか、「受診時の身体的な状況は少し待ってもだいじょうぶなレベルか、早期に介入したほうがよさそうか？」といった視点から緊急性を判断し、状況に応じては、親の承諾が得られない段階でも、関係機関に連絡を入れるようにしています。そうすることで、地域の保健所が「ハイリスク家庭」として訪問を続けていたり、その子どもがじつは長期にわたって学校に行けていなかったりという事実がわかることがあるからです。

このようにして明らかになった事実は、職員が見ればわかるような目印をつけて経過を記録したうえで、外来カルテに保管しています。そのようにすることで次回その子どもが受診した時、かかわったスタッフからソーシャルワーカーに情報が入ることが可能になります。
　このようなケースの多くは、医療機関の受診の頻度は低かったり、単発であったりするため、地域を「主」、医療機関は「従」という二重のセーフティーネットを張りつつ、継続的に見守っていくことになります。
　ちなみに、私が勤務する病院で、過去5年間に虐待対応チームに名前のあがった子どものうち、こうしたケースの占める割合は、約4割にのぼりました。

❸ 虐待の結果、精神的な症状が出現したケース

　虐待の結果、精神的な症状が出現したケースのうち、たとえば代理人によるほら吹き男爵症候群[1]など、早期に親子の分離が必要な場合は、チームとして医療機関の入院の適否を検討する場合があります。
　しかし、多くは、児童精神科が中心になって対応しています。現状では、虐待の結果出現する精神症状の診断と治療が十分におこなえる医師が少ないため、児童精神科に診てもらったほうがよいと思ったり、また保育や教育にあたる先生方が、精神科の意見を聴いて対応したほうがよいと考えても、実際には非常にコンタクトがとりづらいのも事実です。
　そうした意味では、地域の中で比較的医療機関の身近にあって、個々のケースについて、児童精神科医を含めたカンファレンスなどを日常的におこなっている保健所や保健センターの保健師を通して連携をはかっていくことも有効な方法と思われます。また、医療機関に直接連絡をする際は、ソーシャルワーカーを利用するのもひとつの手段です。

4 ソーシャルワーカーとしての虐待対応

「国際ソーシャルワーカー連盟のソーシャルワークの定義」(2001年採択)ではソーシャルワークをつぎのように定義しています。とても大きな定義ですが、引用してみます。

「ソーシャルワーク専門職は、人間の権利(ウェルビーイング)の増進を目指して、社会の変革を進め、人間関係における問題解決を図り、人びとのエンパワーメントと解放を促していく。ソーシャルワークは、人間の行動と社会システムに関する理論を利用して、人びとがその環境と相互に影響しあう接点に介入する。人権と社会正義の原理は、ソーシャルワークの拠り所とする基盤である。」

ソーシャルワークをおこなっているのは、何も医療機関に限ったことではないのですが、最初に述べたように医療機関のソーシャルワーカーは、医療の提供を第一義的な目的とする機関で業務をおこなっているため、おのずと医師や看護師などの医療専門職をはじめとする多くの専門職や部門(機関)との連携・協働という課題を課せられているといえます。ここでは、あえて医療機関で働くソーシャルワーカーに限定して、虐待対応の中の役割を考えてみます。

そのひとつは、アセスメントにかかわる役割です。ソーシャルワーカーがおこなう面接では、保護者との信頼関係を築きながら、一方で虐待の事実を確認していくという困難な役割を担うことが時として生じます。放射線や生理学的検査のように、結果が画像や数値で現れるものではないだけに、面接で得られる情報がすべてを物語るものではないことを強く認識しつつ他の職種とともに、虐待のアセスメントにかかわっていくことはひとつの役割です。

二つ目の役割は、関係諸機関との連携とネットワークづくりです。異なる多くの機関や職種が、虐待を受けた子どもとその家庭の周囲に存在

していても、それらが有機的に結びつかなければ支援はできません。機関をつなぎ人をつなぐ作業は、それぞれの役割に対する理解と他の職種を尊重する気持ちがないとすすまないため、必要不可欠でありながら大変難しいものです。医療機関との関係がどうしても必要なケースをめぐっては、ソーシャルワーカーが医療機関の窓口や連絡調整の機能をはたすことで、連携がより円滑にすすむ場合があります。

　三つ目は、援助的役割です。虐待の疑いがあるという事実を通して、経済的な問題が顕在化したり、親子の葛藤や親の心理的な不安が表面化してくることは、しばしば経験することです。その時、医療機関でソーシャルワークの任に当たる強みは、子どもの身体的な状態や精神的な症状の多くの部分を他の医療専門職と共有しながら、親と向き合えることではないかと思います。とくに入院治療においては、日々変化する子どもの状態を親と共有しつつ、揺れに寄り添う中で、子育てに対する親の本音が隠さず打ち明けられたりすることがあるものです。

　質の問われる仕事ではありますが、決してひとりでは完結しえません。教師や保育者など子どもと向き合っている方々と、よい形で協働することではじめて、大変な状況に置かれた子どもと親を内面から力づけてゆける（エンパワーできる）のだと思っています。

5 連携をとるうえで配慮すべきこと

　虐待ケースをめぐる医療機関とほかの機関との連携について、いろいろと述べてきましたが、最後に連携をとるうえで配慮すべきことについて考えてみたいと思います。

　2005（平成 17）年 4 月に、個人情報保護法が全面的に施行されて以降、これまで関係機関の信頼関係をベースにおこなっていた患者・家族に関する情報交換に「待った」がかかりました。

　その結果、

「こういう連絡をすることについて、家族の了解を得ているのですか？」

「いいえ」

「それでは、詳細を申し上げることできません。個人情報保護法に触れますから」

といったやりとりをしばしば経験するようになりました。

個人情報保護法第16条3項では、「利用目的の制限の例外」規程を設け、たとえば「公衆衛生の向上又は児童の健全な育成の推進のために特に必要がある場合であって、本人の同意を得ることが困難であるとき」には本人の同意を得ずに個人情報の提供をおこなったとしても、法律違反とはならないとうたっています。

ただ、明らかな身体的虐待で、児童相談所に待ったなしで虐待通告をおこなう必要のあるケースであれば迷いはないのですが、医療機関で迷うのは、件数にするともっとも多い、先に、「放置しておくと子どもの成長発達に何らかの影響を及ぼす可能性のあるケース」で述べたグレーゾーンのケースです（113ページ参照）。

こうしたケースについては、極力子どもの現在の安全や将来的な発達の保障という観点から、保護者に「第三者の支援も得ながらお子さんを育てていきましょう」という趣旨の話を伝え、保護者の了解を得て関係機関と連携をはかっていくことが望ましいと考えます。しかし、なかにはどうしても了解が得られない場合もあるでしょう。こうした場合は、

普段から気軽に連絡ができる人的なネットワークを築いておき、Face to Face（顔と顔をつきあわせ）で率直に相談ができるとよいと思います。その場合、情報交換した内容が外部に漏れないよう配慮することは言うまでもありません。

（平野朋美）

<注>
1) 代理人によるほら吹き男爵症候群：Munchausen Syndrome by Proxy, MSBPとも言う。親が、大変な子どもを育てている献身的な保護者であることをアピールすることにより、周囲の関心を集め、そのことで満足を得る目的で、子どもに病的な状態を持続的に作り出すこと。それによって、子どもは不必要な診察・検査・治療を受けることになり、不利益な状態におかれる。

【参考・引用文献】
・才村純『子ども虐待ソーシャルワーク論』有斐閣 2005年
・(社) 日本社会福祉士会・(社) 日本医療社会事業協会『保健医療ソーシャルワーク』中央法規 2004年
・養護教諭のための児童虐待対応の手引作成委員会『養護教諭のための児童虐待対応の手引』文部科学省 2007年
・教育局県立学校部特別支援教育課『理解と支援のための知恵袋』埼玉県教育委員会 2007年
・日本子ども家庭総合研究所編『子ども虐待対応の手引き』有斐閣 2005年

3 ── 子どもの虐待をめぐる法的諸問題

1 発見から通告まで

❶ 虐待の早期発見等

　児童虐待の防止等に関する法律（以下、防止法）第5条1項は、学校、児童福祉施設、病院その他児童の福祉に業務上関係のある団体、学校の教職員、児童福祉施設の職員、医師、保健師、弁護士その他児童の福祉に職務上関係のある者は、児童虐待の早期発見につとめなければならないと定めています。従来は、担任教師が虐待を認知して児童相談所に通告したいと思っても、上司が通報を拒むという事例なども報告されていました。しかし、児童の福祉に職務上関係のある団体についても、早期発見の努力義務が課せられていますから、傍観者的立場に甘んじることはできません。

　また、児童の福祉に業務上関係のある団体や人は、虐待の早期発見だけではなく、児童相談所といっしょに虐待防止にかかわっていく、あるいは、児童の保護、自立の支援についての協力者としての役割が期待されています（同条2項）。さらに、学校、児童福祉施設は、児童虐待の防止のための教育・啓発にもつとめなければなりません（同条3項）。

❷ 虐待を受けたと思われる児童を発見した者の通告義務

　児童福祉法（以下、児福法）第25条は、保護者に監護させることが不適当と認められる児童を発見したときは、市町村、都道府県の設置する

福祉事務所もしくは児童相談所または児童委員を介して市町村、都道府県の設置する福祉事務所もしくは児童相談所に通告しなければならないと定めています。虐待されている子どもは、この「保護者に監護させることが不適当と認められている児童」にあたります。また、この法律では、発見した人はだれでも通告しなければならないとされています。

　また、防止法第6条1項は、児童虐待を受けたと思われる児童を発見した者は、児福法第25条と同様に市町村、福祉事務所もしくは児童相談所に通告しなければならないとしています。防止法は、従来は「虐待を受けた児童」を発見した者に通告義務を課していましたが、2004年に「虐待を受けたと思われる児童」と改正され、通告の対象が拡大されました。すなわち、ケガなどが虐待によるものかどうかまでは断定できない場合でも、虐待を受けた（または、虐待の疑いがある）と思われる子どもを発見した場合には、通告義務を負うことになりました。通告しなくても処罰を受けることはありませんが、虐待をされていると思われる子どもを発見したときは、子どもを守るために児童相談所などに通告しましょう。その後の手続きで、だれが通告したかなどが虐待している親に明らかにされることはありませんから、安心してください。

　なお、防止法第6条による通告は児福法第25条よりも対象が広いので、第6条2項により、児福法第25条の規定による通告と見なされています。

❸ 虐待の証明は通告者がする必要はない！

　虐待ではないかという疑いはあるけれど、虐待だという確証はないとき、もし通告して間違っていたら大変だし、後で責任を追及されたら困るという思いから、通告することにためらいを感じることも多いでしょう。しかし、通告者には虐待かどうかの確定判断が求められているわけではありません。虐待があるかどうかの判断は、児童相談所や家庭裁判

所がします。ですから、不自然なケガなど何らかの虐待を疑わせるような事情がある場合には、心配せずに通告しましょう。通告後の調査の結果、虐待の事実がなかったとしても、通常一般人であれば虐待の可能性があると疑うのも無理もないというときには、通告者は通告したことについて法的責任は負わないと考えられます。

❹ 守秘義務との関係は？

　公務員や医師などは、その職務上知りえたことについて守秘義務を負っていますから、正当な理由がないのに職務上知りえた人の秘密を漏らすことはできません。このように守秘義務を負っている人が虐待の通告をすることは、守秘義務違反になるのではないかという心配をもつ人もいるかもしれません。
　しかし、虐待の疑いがある場合に児童相談所に通告することは守秘義務には反しません。通告は虐待を受けた子どもの権利保障につながりますし、児福法第25条という法律上の根拠があるのですから、正当な理由のある行為といえます。防止法第6条2項も、児童虐待を発見した者が児童相談所に通告しても守秘義務違反にならないことを明記しています。医師、児童福祉司、児童委員、警察関係職員、教師、保健師、保育士など、子どもの福祉に深く関係する職にある人は、虐待されている子どもの発見について極めて重要な役割を果たします。これら子どもの福祉に深く関係する仕事をしている人は、義務を果たして通告することがより強く求められていると考えるべきでしょう。

❺ 虐待の証拠を残しておこう！

　虐待を発見したときには、その事実をできるだけ客観的な記録に残すよう配慮してください。

写真、ビデオ、テープレコーダーなどで残すと、後に裁判手続きになった場合などに非常に有効な証拠として使えます。「百聞は一見にしかず」です。写真については、傷の部分を接写して撮っておいてください。ただ、角度によっては、傷がはっきりと写らないこともあるので、角度を変えて何枚か撮っておくとよいでしょう。そして、ネガは保存しておき、撮影の年月日も必ず控えておきましょう。
　また、医師の診断書をもらっておくこと、骨折の場合などについては、全身のＸ線撮影をしておくなども役立ちます。診断書については、医師がはっきりと虐待によると書くことはいやがる場合もあるようですが、少なくとも「虐待の疑いがある」旨の記載をしてもらうとよいでしょう。
　さらに、詳細な観察日誌などをつけておくこともあとで役に立つことが多いでしょう。
　ところで、虐待を受けた子どもの写真などを撮る場合ですが、親の承諾なしに写真を撮ってもだいじょうぶだろうかと心配する人がいるかもしれません。子ども自身が写真撮影を許可する判断能力を有し、子ども自身の承諾がある場合にはよいのですが、子どもの年齢が低く、子ども自身の承諾を得られないような場合には、問題となるでしょう。だれでも、その承諾なしに、みだりにその容貌（顔形）などを撮影されない自由をもっているからです（最高裁判所1969（昭和44）年12月24日大法廷判決、『刑集』23巻12号1625ページ、『判例時報』577号18ページ参照）。
　しかし、証拠保全の必要性、緊急性があり、その撮影方法が一般的に許容される限度をこえない相当な方法をもってなされるならば、承諾なしに写真を撮ることは、子どもの自由、人格権を侵害するとはいえないと解されます。なぜなら、骨折、ヤケドの跡などの身体的症状は直ちに写真を撮るなどして残しておかなければ、時の経過、治療の実施などにより変化してしまいますし、子どもに対する虐待が疑われているとき、その受傷状態を証拠化することはむしろ「子どもの最善の利益」（子どもの権利条約第3条）にも合致するものと考えられるからです。なお、

親権・監護権との関係についても、心配する必要はありません。そもそも子どもの人格権の侵害が直ちに親の権利の侵害になるものでもありませんし、写真撮影の必要性・相当性、子どもの最善の利益との合致などの事情からすれば、親権や監護権を侵害するとはいえないと思われるからです（親権についての考え方については、後述する 133 ページを参照してください）。

2 子どもと虐待者との分離

❶ 虐待者との分離による子どもの保護の必要性

　子どもの権利条約第 7 条 1 項は、「児童は……できる限りその父母を知りかつその父母によって養育される権利を有する。」と規定しています。子どもは、ほんらい親によって養育を受ける権利をもち、親はこの子どもの権利を実現すべき責務を負っているのです（子どもの権利条約第 18 条、民法第 820 条）。ですから、子どもへの虐待があった場合の対応についても、まずは親子の共同生活を維持したままでのさまざまな援助ができるならばそれにこしたことはありません。しかし、虐待の程度が重大であり、かつ子どもの生命、生存、発達を守るため子どもを緊急に保護する必要がある場合には、親子の分離をして子どもの保護をはかることが必要となります。このような場合には、むしろ分離することが子どもの「最善の利益」に合致することにもなります（子どもの権利条約第 3 条、第 9 条）。

　児童福祉法では、子どもと親を分離して子どもを保護するために、
・児童相談所による一時保護（第 33 条）
・親権者の同意による施設入所（第 27 条）
・裁判所の承認による施設入所（第 28 条）
という方法を認めています。

なお、虐待されている子どもの養護施設などへの入所措置により、子どもの権利などは制限されることになりますから、行政処分たる措置は、実体的権利の保障とともに、手続き的にも適正であることが要請されることはもちろんです。また、子どもは、単に保護の客体ではなく、人格を持った主体ですし、子ども自身の自己決定権は尊重されるべきものでしょう。子どもの権利条約でも、意見表明権が認められています（第12条）。

　ただ、子どもの自己決定権は、子どもの福祉を考慮する際の不可欠の要素ですが、すべての場合に絶対的な効力を認めることはできないでしょう。

❷ 安全確認

　福祉事務所、児童相談所が児童虐待の通告を受けたときは、福祉事務所の長、児童相談所長は、必要に応じ近隣住民、学校の教職員、児童福祉施設の職員その他の者の協力を得つつ、当該児童との面会その他の手段により、その児童の安全の確認をおこなうための措置を講じます。そして、福祉事務所は、後述する立ち入り調査や一時保護が必要と判断したときには児童相談所長等に通知します（防止法第8条1項）。また、児童相談所はともに、必要に応じて一時保護（児福法第33条1項）をおこないます（防止法第8条2項）。

　なお、児童相談所が安全確認をおこなう場合には、必要があると認めるときは、児童相談所長は警察署長に対して援助を求めることができます。また、子どもの安全確保に万全を期する観点から、必要な場合には児童相談所長は、迅速かつ適切に警察所長に援助を求めなければならないとされ、一定の場合には援助を求めることが義務とされています。（防止法第10条）。

　安全確認や一時保護が、速やかにおこなわれるべきことはいうまでも

ありません。しかし、従来、必ずしも迅速な対応がおこなわれていなかったことから、埼玉県での「48時間以内の目視確認」の原則・システムを参考に、改正により、具体的な安全確認の方法が示され、また、安全確認や一時保護は速やかになすべきこと（防止法第8条3項）が規定されるに至りました。

❸ 保護者への出頭要求

　虐待通告などがあり、児童虐待がおこなわれているおそれがあるのに、児童相談所が家庭訪問等をして安全確認をしようとしても、長期間子どもの姿を確認できないなど、安否を確認できない場合があります。そのような場合には、都道府県知事は、子どもの保護者に対し、子どもを同伴して出頭することを求め、児童相談所職員等（児童委員または児童の福祉に関する事務に従事する職員、以下同じ）に、必要な調査または質問をさせることができます（防止法第8条の2）。
　そして、保護者が出頭要求に応じない場合には、防止法9条の立ち入り調査等の措置を講じます。なお、虐待がおこなわれているおそれがあると認められ、緊急に子どもの安全確認をおこなう必要がある場合などには、この出頭要求等をおこなわずに、ただちに立ち入り調査をおこなうこともできます。

❹ 立ち入り調査

　都道府県知事は、児童虐待がおこなわれているおそれがあると認めるときは、児童相談所職員などに、児童の住所または居所に立ち入り、必要な調査または質問をさせることができます（防止法第9条）。児福法第29条の立ち入り調査は、同法第28条の措置（後述）をとるためのものに限定されていますが、防止法では、その場合に限定していません。ま

た、正当な理由がないのに、立ち入り調査を拒んだり、妨げたり、忌避（きひ）したり、質問に答弁をしなかったり、虚偽の答弁をしたりして職務の妨害をすると、50万円以下の罰金に課せられます（防止法第9条2項、児福法第29条、同61条の5）。

なお、必要があると認めるときは、都道府県知事は警察署長に対して援助を求めることができます。また、子どもの安全の確保の万全を期する観点から、都道府県知事は、必要に応じ迅速かつ適切に警察所長に援助を求めなければならないとされています（防止法第10条）。

❺ 保護者への再出頭要求

保護者が正当な理由なく立ち入りまたは調査を拒否したり、妨げたり、忌避したりした場合において、虐待がおこなわれているおそれがあると認めるときは、都道府県知事は、当該保護者に対し、子どもを同伴して出頭することを求め、児童相談所の職員等に必要な調査または質問をさせることができます（防止法第9条の2）。なお、後述の「臨検、捜索等」をおこなう場合には、この再出頭要求がおこなわれたのに保護者がこれに応じなかったことが要件となります。

❻ 臨検（りんけん）、捜索（そうさく）等

都道府県知事が❺の再出頭要求をしたにもかかわらず、保護者が再出頭要求を拒否したが、虐待がおこなわれている疑いがあるときは、子どもの安全確認をおこない、その安全を確保するため、裁判所（子どもの住所または居所の所在地を管轄する地方裁判所、家庭裁判所または簡易裁判所）の裁判官があらかじめ発する許可状により、児童相談所の職員等に子どもの住所もしくは居所に臨検させ、または子どもを捜索させ、必要な調査、質問をさせることができます（防止法第9条の3）。

なお、「臨検」とは、住居などに立ち入ることをいい、「捜索」とは住居その他の場所につき人の発見を目的として捜しだすことをいい、双方とも強制処分としておこなうものです。④の立ち入り調査を実施したが、かたくなに立ち入り調査を拒否された場合のように、子どもを直接見て確認できず、児童の状況自体把握できないような例外的な場合におこなうことになるでしょう。

児童相談所の職員等は、臨検または捜索にあたって必要があるときは、錠をはずし、その他必要な処分をすることができます（防止法第9条の7）。その他必要な処分は、児童の安全確認または安全確保の目的のために必要最小限度において許されるもので、かつその手段・方法は社会通念上妥当なものであることが必要です。

❼ 児童相談所長による一時保護

子どもが虐待を受けていて、子どもの生命・安全を守るために緊急に虐待者との分離が必要な場合、短期的に虐待者から分離する手段として、児童相談所長による一時保護の方法があります（児福法第33条）。

これは児童相談所の所長の職権によって子どもを一時保護所に保護し、または、警察署、福祉事務所、児童福祉施設、里親その他児童福祉に深い理解と経験を有する適当な者に一時保護を委託する（委託一時保護）ものです。これについては、虐待している親の同意はいりません（ただ、実務的には、入所に際して保護者や子どもの意向を最大限尊重する形がとられています）。また、家庭裁判所の承認を得る手続きもいりません。

虐待が発見され、緊急に対応しなければならない場合には、この一時保護制度を活用することができます。子どもの安全確認が十分にできない場合にもとりあえず一時保護することが必要な場合もあると思われます。

一時保護は、子どもの行動を制限するので、その期間は一時保護の目

的を達するために要する必要最小限の期間とされ、2ヶ月を超えてはならないとされていますが、必要があると認めるときは、引き続き一時保護をすることができます（児福法第33条3項、4項）。

ところで、一時保護中に、親から子どもの引取り要求があった場合には、児童相談所は、その引取りを拒否することができると考えられています。一時保護には、前述のように親の同意は必要とされないからです。ただ、それでも強引に引き取ろうとしている場合には、子どもの安全を確保するために、後述する家庭裁判所による施設入所の手続きやその保全処分の手続きをとらなければならない場合も出てくるでしょう。いずれにしても、児童相談所は、一時保護中に、子どもを観察しながら、つぎに述べるような施設入所の適否などを判断することになります。

❽ 親権者の同意による施設入所等

児福法は、子どもを施設に入所させ、または里親に委託することにより虐待されている子どもを親から分離する制度を定めています（第27条1項3号）。この措置をとる場合には、親権者または未成年後見人の同意が必要とされます（同4項）。

児童相談所が、「子どもを虐待から保護するためには、子どもを施設に入所させて親と分離することが必要」と判断した場合には、まず、親権者・未成年後見人に対し、施設入所についての同意をしてもらうよう働きかけます。親権者や未成年後見人が同意をしてくれない場合には、後述の家庭裁判所の承認による施設入所の方法をとることができるのですが、虐待者との対立関係をつくってしまうと、その後の虐待者への援助などに際して、児童相談所が指導性を発揮できなくなり、援助がしにくくなってしまう場合もあるからです。

なお、親権者が同意したので施設入所させたけれども、その後、親権者が同意を撤回して子どもを引き渡すよう強引に求めてくる場合があり

ます。このような場合には、児福法第33条一時保護をし、後述の同法28条の申立が必要になるでしょう（防止法第12条の2、3）。そして、場合によっては、後述の裁判所の承認による施設入所の申し立てやその保全処分の申し立て、親権喪失宣告の申し立て、親権者職務執行一時停止の保全処分の申し立てをすることも考えられます。

❾ 裁判所の承認による施設入所等（児福法第28条の申し立て）

　子どもの虐待の程度が重大であり、子どもの生命・安全を確保するために緊急に子どもを親から分離して保護する必要があるのに、親が施設入所に同意してくれない場合には、児童相談所は、家庭裁判所の承認をえて、虐待されている子どもについて施設入所等（里親委託や乳児院、児童養護施設等への入所等）の措置をとることができます（児福法第28条1項）。

　虐待している親と子どもを分離するといっても、もちろん親との分離が最終的な目標ではありません。親子分離後にさまざまな援助をして、親子再統合をはかっていくための分離です。保護者や子どもの状況は変化するものであり、人権保障の観点から、定期的に司法が関与し、親子分離の妥当性について審査をおこなうべきものとされ、施設入所の期間は2年を超えてはならないとされています。ただし、保護者に対する指導措置の効果などに照らし、施設入所を継続しなければ保護者が子どもを虐待し、著しくその監護を怠り、その他子どもの福祉を害することがあると認められるときは、家庭裁判所の承認をえて期間を更新することができます（児福法第28条2項）。

　児童相談所も、これまでは、親との対立関係が生じるとその後の援助がしにくくなるということもあってか、第28条の申し立てをためらうこともあったようです。しかし、ここで最優先に考えられなければならないのは、子どもの最善の利益（子どもの権利条約第3条）です。子ど

もの最善の利益をはかる観点から、親権者や後見人の意思に反しても施設入所等が必要と判断される場合には、第28条の申し立てを活用すべきでしょう。親との対立関係については、必ず生じてしまうということでもありませんし、手当することも可能なのですから。

家庭裁判所に第28条の審判の申し立てがなされると、家庭裁判所で調査官による調査がなされます。その調査結果や提出された証拠資料などにより裁判官が施設入所等を承認するかどうか判断することになります。判断の際に、前述したように傷の写真や診断書などが用意してあると、施設入所の必要性を判断するうえでの有力な証拠になるのです。また、この判断にあたっては、子どもも意見を表明する権利（子どもの権利条約第12条）を持っていますから、その年齢と成熟度に応じて子どもの意思も尊重されなければならないでしょう。

申し立て後、家庭裁判所による施設入所等の承認がえられると、子どもを施設入所等させることができるようになります。子どもが施設入所等している間、子どもに対する親権は制限されると考えられます。したがって、入所後に、親が子どもを引き取りたいと言ってきても、その引取要求を拒むことができます（通説）。そもそも、育てる義務を果たさない親に親権を振りかざす権利はないとも言いうるでしょう。また、親権は後述するように、親の権利としてとらえるべきものではなく、親の義務としてとらえるべきものですから。

家庭裁判所に第28条の申し立てをした後、親権者や未成年後見人が施設入所等に同意すると言ってきた場合でも、翻意する場合もありますから、状況によっては申し立ての取り下げをしないほうがよいこともあります。必要あれば、このような場合でも第28条の承認は得られます。

なお、第28条の申し立てが却下された場合には、14日以内に高等裁判所に不服の申し立てをすることができますし、子どもがその後再び虐待を受けているような場合には再度第28条の申し立てをすることができます。

❿ 面会または通信の制限

　2007（平成19）年の改正により、児福法第28条によって施設入所した場合だけではなく、保護者の同意に基づく施設入所などの措置がとられている場合、一時保護中においても、児童虐待の防止および児童虐待を受けた子どもの保護のために必要があると認めるときは、面会、通信の全部または一部を制限することができる旨が明文化されました（防止法第12条1項）。

　また、面会、通信制限に関連して、児福法第28条による施設入所の場合と一時保護の場合には、子どもの居場所を明らかにすると保護者が子どもを連れ戻すおそれがある等再び虐待がおこなわれるおそれがあり、または子どもの保護に支障をきたすと認めるときは、保護者に子どもの居場所を知らせないことができることが明文化されました（防止法第12条3項）。

⓫ 接近禁止命令

　同じく2007年の改正により、児福法第28条により裁判所の承認による施設入所がされた場合で、防止法第12条1項により面会および通信の全部が制限され、虐待の防止および虐待を受けた子どもの保護のためにとくに必要があると認められるときは、都道府県知事は、保護者に対し、6月を超えない期間を定めて、接近禁止（子どもへのつきまといや子どもの居場所付近でのはいかいを禁止）を命令することができるようになりました（防止法第12条の4）。この場合には、聴聞をおこない告知・弁明の機会を与えなければなりません。

　保護者がこの命令に違反した場合は、1年以下の懲役または100万円以下の罰金に処せられます（防止法第17条）。

3● 親権喪失制度、親権者の変更等を利用する子どもの保護

　民法には、親権喪失の制度、親権者変更の制度などが規定されています。また、家事審判規則では、親権喪失の申し立てがなされた場合などに、家庭裁判所は、その審判で結論がでるまでの間、親権喪失を申し立てられた親権者が親権を行使できなくし（親権者の職務執行の停止）、かわりに親権を行使する人（親権の職務代行者）を選ぶことができると定めています。子どもが虐待されているとき、これらの制度を利用して、虐待されている子どもと親権者とを切り離し、子どもの安全の確保をはかることもできます。

　❶「親権」って何？

　「親権」というのは、いったいどういうものなのでしょうか。
　民法には、親権者には、監護教育権（第820条）とか、居所指定権（第821条）、懲戒権（第822条）、職業許可権（第823条）、財産管理権（第824条）などがあると書いてあります。「親権」というのは、ほんとうに親の「権利」なのでしょうか。
　親権は、一般に、親子という固有の身分関係から派生する未成年の子を監護養育するためにその親に認められた権利義務の総称であるといわれます。
　しかし、親権についての考え方は、歴史的に変化してきています。親子法も、家のための親子法から親のための親子法へ、さらに子のための親子法へと歴史的に展開してきているのです。現代では、親権は、親が子どもに対して持っている「権利」としてとらえるべきものではなく、未成年の子どもの養育や財産の管理などを通じて、未成年の子どもの利益を実現する親の「義務」「責任」として理解されるべきです。子ども

の権利条約にも、親の権利としての規定はありません。「親が子どもの養育及び発達について第一義的な責任を有する。子どもの最善の利益は、これらの者の基本的な関心事項となるものとする」という養育責任の側面から規定されており（第18条）、子どものほうが「できるかぎり……その父母によって養育される権利を有する」（第7条）としています。

子どもの虐待の問題を解決していくうえでは、このように「親権」を「子どもの利益を実現する親の責任」という側面から考える視点がたいせつです。

❷ 親権喪失の宣告の申し立て

親権者が子どもに対する養育責任を果たさない場合、すなわち、親権者が子どもを養育できず、または親権者に子どもを養育させることが不適当であるという場合には、子どもの福祉の観点から、親権者の親権をはく奪し、子どもの養育を他の者に委ねることが必要になります。親権喪失制度（民法第834条）は、このような場合に、親権者の意思に反しても親権そのものを強制的にはく奪する制度です。

親権喪失の宣告の申し立てをすることができるのは、子どもの親族、検察官、児童相談所長です（民法第834条、児福法第33条の6）。なお、防止法の2004（平成16）年改正により、児童相談所長は、18歳をすぎ満20歳に満たない者についても、親権喪失の宣告の申し立てをすることができるようになりました。

親権喪失宣告の申し立てがなされると、家庭裁判所は、調査官による調査、当事者からの事情聴取などをおこない、審理し、子どもの福祉のために親権喪失の必要があると判断すると、親権喪失の宣告をします。親権喪失の宣告がなされると、その親が子どもに対して持っていた親権はすべて消滅します。ほかに子どもの親権者がいないときには、子どもは未成年後見人による後見を受けることになります（民法第838条1号）。

児童相談所長は、親権者および未成年後見人がいない子どもについて、その福祉のため必要があるときは、家庭裁判所に対し、未成年後見人の選任を請求しなければならないとされ、選任に至るまでの間、親権をおこないます（児福法第33条の7）。

　なお、親権喪失ということになっても、失うのは親権だけで、親子の関係が否定されるわけではありませんから、相続、扶養の関係などには影響はありません。

❸ 親権者の変更

　親が離婚する場合、父または母が子どもの親権者となり（民法第819条）、子どもは、親権者（場合によっては、親権者ではない監護権者）に引き取られ、養育されることになります。

　離婚後、親権者あるいは監護権者になった者から子どもが虐待を受けている場合には、家庭裁判所にこの親権者の変更の申し立てをすることにより、子どもを保護することもできます。民法第819条6項は、「子の利益のため必要があると認めるときは、家庭裁判所は、子の親族の請求によって、親権者を他の一方に変更することができる」と定めています。父親に養育されていた子どもが虐待されて、離婚した母のもとに逃げ込んだ場合などについて、この親権者の変更の申し立てをすることによって、子どもの保護をはかることができます。

❹ 審判前の保全処分（職務執行停止、職務代行者選任の申し立て）

　家庭裁判所に親権喪失の宣告の申し立てや親権者の変更の申し立てをしても、すぐに結論がでるわけではありません。家庭裁判所では、事実関係について調査をしたり、当事者の言い分などを聞いたりして、慎重に判断をすることになりますから、どうしても一定の期間がかかります。

その間、親権者が子どもの強引な引渡要求をしてくることもあるでしょう。このような場合に、子どもの安全を確保し、子どもを保護するために、親権者の職務執行を停止し、親権者の職務を代わりに執行する者を選任するという「審判前の保全処分」の制度を利用することができます（家事審判規則第74条1項、同72条）。この審理は、比較的短期間（1週間から3週間くらい）のうちになされますので十分に活用するとよいでしょう。

なお、この保全処分は、審判が申し立てられていることが前提ですから、親権喪失あるいは親権者変更などの審判の申し立てと同時に申し立てるか、審判の申し立てをした後に申し立てます。申し立てをすることができるのは、親権喪失の審判や親権者変更の審判の申し立てをした人です。

保全処分の申し立てを認めてもらうためには、裁判所に、ほんらいの親権喪失の審判や親権者変更の審判が認められる可能性や子どもの利益のために親権を一時停止し、代わりの人に親権の行使をしてもらう必要性を認めてもらわなければなりません。この場面でも、写真や診断書などの客観的な証拠がものをいうことになるでしょう。

申し立ての際に、親権の職務代行者になってくれそうな適当な親族が見つからないという場合もあるかもしれません。親族がいないとか、親族がいても職務代行者になることを拒否することもあるでしょう。そのような場合には、弁護士が職務代行者に選任された例もありますし、また、児童相談所長が職務代行者に選任された例もあります。

保全処分によって、親権者が職務の執行を停止されると、親権者は、親権喪失の審判が宣告されるまで親権を一時停止されることになります。この保全処分を使うことにより、関係機関のその後の子どもへの援助などがしやすくなるということもありますので、活用するとよいでしょう。

(海老原　夕美)

chapter 4

子どもと家族への
援助のために

1── 子どもへの援助について

1●心構え

　保育や教育、生活指導の現場では、たくさんの子どもたちとかかわりをもちますが、それらの子どもたちへのかかわり方と虐待を受けた子どもたちとのかかわりは、基本的には同じです。しかし、被虐待児ゆえのかかわりにくさ、難しさを経験することになるのも事実です。そんな難局を乗り越えるためには、援助者の「心構え」がとてもたいせつです。

❶ 被虐待児であることを忘れないこと

　初対面であるのに援助者に全面的に自分をさらけだすような甘えを見せて独占したがる子がいます。逆にいたずらばかり、ケンカしたり、物をこわしたりのトラブルメーカーでおとなの言うことをまったくきかず、憎らしく、怒りを覚えさせる子もいます。良きにしろ悪きにしろ、おとなが子どもに振り回されてしまうことがあります。ちょうど虐待者と同じ気持ちを経験させられてしまうのです。援助者が、「どうしてこんな気持ちになってしまうのだろう」と無力感ととまどいを感じ、自己嫌悪・自信喪失に陥ってしまうこともあります。こんなとき、賢明な援助者は「この子はいったい何者だ」と振り返ることで、子どもが「被虐待児」であったことを思い出し、そして納得することができるでしょう。

❷ 人間への信頼感を回復してもらうこと

　虐待を受けた子どもは人間への信頼感を失っているか、とても小さくなっていることがほとんどです。見方によっては不信感の固まりかもしれません。信じられるのは自分だけ、自分を信じられるのであればまだいいかもしれません。自分さえも信じられず自分自身の存在感を失っている子どももいます。援助者はこういった子どもたちの自信を取り戻す作業、人間への信頼感を回復するお手伝いをしていくのです。

❸ 子どもの人生に期待を持つこと

　子どもたちには未来があります。虐待を受けた子もそうでない子も自分の人生を作っていくのですが、被虐待児はどうしても「生きづらさ」を背負いがちです。その「生きづらさ」を少しでも軽くしてあげられたら援助者としてこれほどうれしいことはありません。

　保育士、教職員、指導員、専門職等の援助者が、子どもの人生にかかわる時間はとても短く、一瞬の出会いになってしまうこともあります。それでも子どもの人生に足跡・思い出を残し得るのが援助者でもあるのです。子どもたちの人生が少しでも幸福になるように期待しながら、援助者とのかかわりができるだけいい思い出として残してもらえるようにつとめたいものです。

　被虐待児の回復にはとても時間がかかります。場合によっては10年単位のかかわりになることもあります。そして、将来的に被虐待児が「生きづらさ」を乗り越え、自身が加害者とならず、支配関係のない人生・家族が作れたら、その時点で援助のゴールを迎えたと言えるのかもしれません。

　虐待を受けた子どもへの援助は、家族に介入して虐待関係にブレーキ

をかけ、子どもたちの行動と心理的特徴を理解するところからはじまり、身体の傷の治療から、「安全と安心」を保障し、さらに「心の傷の癒し」をはかるといった息の長いものとなります。ひとりの援助者が長くかかわれないこともあります。援助のバトンタッチでとぎれのない援助が実現できるようにすることもたいせつなことです。

2 被虐待児を知る

　生まれながらにして虐待を受けやすい子どもはおりません。児童虐待は加害者であるおとな側の問題なのです。未熟児や低体重児、周産期・新生児期・乳幼児期の病気、さまざまな障がいなど児童虐待の誘因となりえるハイリスク児、いわゆる「育てにくい子」がいることは事実なのですが、そういった子どもたちのほとんどが健全に育てられていることも事実です。

　一方、ほんらいリスクのない子どもに対しても虐待がもたらされてしまう現状があります。児童虐待は、保護者・養育者と育てられる子どもとの力関係や相互認知のゆがみおよびその悪循環などを含む、複合した要因から生じてくるものなのです。

　身体的虐待や性的虐待、暴力目撃を含む心理的虐待、ネグレクトと、子どもが受ける虐待はいずれも過酷なもので、とても深い心身の傷・ダメージを子どものなかに残します。その結果、身体の成長が遅い、知的能力・認知能力の偏りや遅れ、対人関係能力・コミュニケーション能力のゆがみなどとさまざまな問題を抱え込んでしまいます。なかには学習の機会を奪われることで学力不振に陥ることもあります。そして、社会的逸脱・不適応行動としてマイナスの評価をされてしまう子どもたちも数多くいます。

　また、ＤＳＭ－Ⅳ（米国精神障害の診断・統計マニュアル第4版）で分類されているところの「反応性愛着障害」や「注意欠陥―多動性障害」

「反抗挑戦性障害」「行為障害」などと診断される子どももいます。

　こういった虐待を受けた子どもたちへの援助をはかるには、彼らの症状や行動特徴・問題などについて、その背景も含めて十分に理解しておくことが必要です。

❶ 心的外傷（トラウマ）にかかわる問題

　1990年代以降、日本でもトラウマについてクローズアップされることが多くなってきました。人が生命の危機に相当する、想像を絶するような現象・出来事に直面したとき、その衝撃が、記憶の中で処理しきれず、感情や思考も含めて意識の下に凍結させて「しこり」のような状態になったものを「トラウマ（心的外傷・心の傷）」といいます。

　トラウマには、大規模自然災害や人為的災害・事件・事故など通常は繰り返されることのない突発的な出来事で心の傷を負ってしまう「単回性トラウマ」といわれるものがあります。また、児童虐待やＤＶ（ドメスティック・バイオレンス）、監禁被害など「死ぬかもしれない」といった生命の危機に瀕した状況が長期にわたり繰り返されることで刻み込まれる心の傷を「複雑性トラウマ」といいます。どちらのトラウマも当人にとっての苦痛は計りしれないものではありますが、「長期にわたる繰り返し」ということからすると無力感・絶望感にさらされた子どもの傷つきは想像を超えるものであることが理解できます。

　トラウマは日常の何気ない刺激によって急速解凍され、突然記憶の上に飛び出してくることがあります。ふと挙げた手を見たり、落としたコップの割れる音、魚の焦げる匂い、髪を触られた時の感覚刺激などによって導き出されてしまうのです。悪夢を繰り返してしまうこともあります。その結果、体調の不具合などの身体症状が生じ、それに続く、理由がわからないままの感情の混乱や行動の逸脱によって苦しむことになります。このように、心の中に刻み込まれた傷から生じるさまざまな不具

合や「生きづらさ」が生じます。その中でも典型的な反応として外傷後ストレス障害（PTSD）があり、以下のような症状をともないます。

a）その子どもはふつうでは経験することのない苦痛をともなうような出来事を経験しています。それは、保護者や近親者などから受けた過酷な仕打ち、たとえば、理不尽な暴力を受けるだけでなく、ほんらい得られるべき愛情を受けられなかったり、欲求を満たしてもらえなかったりすることもさします。また、それらの事実を身近に目撃・体験することも含まれます。

b）その子どもはトラウマを引き起こした出来事を心理的に繰り返し体験しています。その感覚は、突然にやってきて、その出来事を何度も何度も実際の苦痛をともなってふりかかっています。場合によっては、遊びの中の表現となって再体験されることもあります。また、トラウマとなった出来事があたかも今、現実におこっているかのようにふるまったり感じたりすることもあります。それは、白日夢やパニックといった形になるかもしれません。さらに、夜驚症[1]のように、その出来事の夢を繰り返し見てしまうことで苦しむこともあります。そして、その出来事を象徴するような場面や似かよった状況（手を振り上げるような何気ないおとなの動作や舌打ち、自分が飲み物をこぼしたとき、タバコやアイロンを見たときなど）に置かれたときフラッシュバックを起こし、とても大きな苦痛を感じてしまいます。

c）その子どもはトラウマに関係する刺激をずっと避け続けたり、反応が鈍くなったりします。その出来事にかかわることを考えないようにしたり、思い出させるような状況を避けたりします。ときには、その出来事のある部分をきれいに忘れてしまうこともあります（健忘・記憶喪失）。それまでできていたことができなくなったり、赤ちゃんがえり（退行現

象）をすることもあります。また、自分ひとりがまわりから孤立したような感覚で悩んだり（離人体験）、感情表現がうまくできなくなって他人を信じられない、愛せない、悲しめない、心から笑えない、怒れないということになることもあります。そして、時間感覚や現実感覚が薄くなって、自分の人生や将来の展望・イメージが持てなくなることもあります。

ｄ）トラウマを抱えている子どもには、以下のような自律神経系の興奮症状が複数みられることもあります。
　・なかなか眠れない。または、眠りが浅くすぐに目が覚めてしまう。
　・ちょっとしたことに反応してイライラする。そして、ときには興奮から怒りを爆発させてしまう。
　・注意集中ができなくなり、あきっぽい。いろいろと関心を示してやりたがるものの長続きしない。
　・異常に警戒心が強く、ビクビクしがちになる。
　・ちょっとしたことで必要以上に驚いて跳び上がったり、逃げたり、泣いたりすることがある。
　・トラウマとなった出来事を思い出させるような場面、状況になると冷や汗をかいたり、心臓がドキドキしたり、めまいを感じて動けなくなってしまう。

　上記のこうした症状が重複して１ヶ月以上続く場合、ＰＴＳＤに陥っていると考えられます。子どもの年齢や性別、背景などにより個人差はありますが、このような身体症状に合わせていろいろな問題を引き起こしてしまうことを理解してあげましょう。

❷ 対人関係の問題

　虐待を受けた子どもは、人とのつきあい方が不自然・奇妙という問題をかかえます。同じことをしても養育者の気分や都合によって黙認されたり、叱られたりといった一貫性のない養育態度で子どもは混乱してしまい、養育者を含むおとなだけでなく、子どもを含むすべての人間を信じられず、円滑な関係を保てなくなります。

　人見知りや警戒心がまったくなく、相手を独占したり、極端な甘えを見せたかと思うとちょっとしたきっかけで一転し、疎遠になったり、乱暴を繰り返したりと関係を深めることや継続することがとても難しくなるのです。

　子どもによっては警戒心が極端に強くて、なかなか他人となじめない、おとなと身体が触れると萎縮してしゃべれない、動けないということもあります。

　「かわいがられたい」という欲求からではなく、脅威から自分を守る手段として、他人の言いなりになって、自己主張や自分の思いをことばにできなくなる子もいます。これらも基本的信頼感の欠如からくる影響のひとつと言えます。

　さらに、おとなの神経を逆なでするような行動、言動を示すことが目立ちます。あたかも周囲のおとなに怒りを持たせ、虐待を促すかのような、誘惑するような行動とも見えるかもしれません。これは、虐待関係の反復性、再現性につながるもので、子ども自身が経験してきた対人関係の正否を確認する作業のひとつと考えられます。集団生活の中でもこういうことはしょっちゅう認められ、不適応行動として否定的な評価をされてしまうことがとても多いのです。援助者は子どもの特性を理解し、その挑発的行動に巻き込まれないように注意する必要があります。

❸ 乱暴（攻撃性）の問題

　子どもの乱暴も不適応行動・問題行動のひとつとして目立つものです。トンボやチョウの羽をむしったり、黙々とアリをつぶしていたり、犬猫に暴力を加えるなど、動物虐待を繰り返す子や、人が大事に育てている草花をむしってしまう子もいます。明らかに自分より弱い立場の子どもに対して身体的暴力やことばの暴力、いじめ、脅しなどの精神的圧力を加えることもあります。さらに、保育士や教職員、年長児に対しても乱暴することもあります。また、故意とも思えるようなやり方で物を壊したりすることもあります。

　このような激しい攻撃性は、人との関係を持つための子どもなりの手段のひとつとして使われていることがあります。つまり、たとえそれがマイナスの評価につながったとしても周囲の人たちの注目を得るためのコミュニケーション手段としているのです。他人に自分の気持ちを伝える方法、存在を知らせ、気づいてもらう方法を知らないために乱暴という方法しかとれないのかもしれません。場合によっては自分の身体を傷つけること（自分自身への攻撃）や飲酒、薬物依存、暴走で周囲の人の注意を惹くこともあります。いわゆるリストカットに代表されるような自傷行為・自虐行為です。

　また、虐待環境にいたときの絶対的無力感からの回復をはかる過程の中で、かつて自分が脅威を感じた虐待者・加害者を自分自身に移しかえ、「力による問題解決法」として乱暴を繰り返すこともあります。それが成功して達成感や万能感を経験すると、なかなかそこから抜け出せなくなります。関係性の育て直しをはかる場合、乱暴をいかに収束させていくかが課題になりますので、その攻撃性への対応には十分注意を払わなければなりません。

❹ 行動と社会性の問題

　虐待を受けた子どもは、人とかかわるときのつまずきだけでなく、不適応行動として社会とのかかわりにも問題をかかえやすいことがあります。その多くが社会的逸脱行動と見られてしまいますが、その根底には虐待の影響があることを忘れてはいけません。虐待環境の中では「力がすべて」というような家庭内ルールと一般社会ルールのずれが著しく、子ども自身どのようにして社会とかかわりを持ち、どのように行動していったらよいのか、その手だてを学ぶ機会をなくしてしまっているのです。

　社会との関係でより積極的なゆがみとして生じる、いじめや万引き、盗み、破壊、暴行、暴走および援助交際（売買春）、薬物依存などの法律に触れるような反社会的行動（非行）に走る子どももいます。

　または、引きこもりや不登校、家出、放浪などの非社会的行動に陥る子どももいます。もっと重くなると自傷行為や自殺の企て・未遂などの自虐的、自己破滅的行動をとることもあります。視点を変えれば年齢不相応の性刺激を伴う交友関係や援助交際（売買春）、飲酒、喫煙、薬物依存なども自己破滅的行動と考えられるものです。

❺ 心理的問題

　虐待を受けた子どもはちょっと変わった雰囲気を持つことに気づくことがあります。表情が硬く変化がなかったり、オドオドしていたり、作り笑いのような不自然な笑顔で心から笑えないことがあったりします。

　また、落ち着きがなくいつもキョロキョロ、ソワソワしたり、逆に動作や反応が鈍くボーっとしていることもあります。そして、自己イメージがとても悪く、「どうせぼくなんか……」といった自己卑下的発言や

被害的言動が多かったり、自信喪失状態にあったりします。その反動ともとれる強引な極度の自己主張や自信過剰といった自己肥大した態度を示す子もいますが、いずれもほんらいの子ども自身の現状からかけ離れた自己イメージとなっています。

　子どもによっては必要以上におとなびた雰囲気、行動、態度をもつこともあります。なんでもいうことを聞いて学力・家事・生活習慣・対人関係とも不手際なくこなす優等生といった調子です。ほんらいの年齢相応の子どもらしさがなく、おとなの縮小版といったところでしょうか。ときには保護者が期待する家事役割や性的成熟に応えるためなのか、年齢不相応に早熟傾向をみせる女の子がいたりします。これらは偽成熟性といわれるもので、養育者の期待に過剰に適応させた結果として形成された特徴で健全な成長の結果とは言えません。

　また、愛情欲求を満たすためか、あるいは食習慣のゆがみからなのか、摂食障害とも思えるほどの過食や盗食をみせる子どもたちもいます。

　まちがいや失敗など、ちょっとしたことでおとなや年長児から注意されることは日常的にごくありふれたことなのですが、虐待を受けた子どもたちの中には、そのささいな声かけで、動きと表情が固まり、「心ここにあらず」魂のぬけがら状態になる子がいます。子どもの反応のなさから異常に気づき、心配するとわれに返るといった状態なのですが、このような時は、解離(かいり)をおこしている可能性があります。解離とは一時的に感覚を遮断したり、人格や記憶を分離することで自分を守ろうとする特殊な防衛反応、精神症状のことをいいます。

　このように虐待を受けた子どもたちはふつうでは考えられないような心理的問題を抱えているのです。

3●子どもへの援助の実際

　虐待された子どものダメージ回復のためには、医師や看護師、心理専

門職による専門的治療や対応が必要ではありますが、保育士や教職員、指導員がふだんのかかわりのなかでできる援助がとてもたいせつになります。というのも子どもたちとかかわる機会、時間が一番多いのがそのような職種の方々だからです。虐待を発見することだけではなく、子どもたちのケアについても期待されるおとな・援助者になりますので、子どもたちがひとりの人間として豊かな人生を送ることを期待して、途切れない援助のリレーを心がけましょう。

　虐待を受けた子どもたちとどこで出会うことになるかはわかりません。近くに児童養護施設が設置されているのであれば地域の幼稚園や小中高等学校にその子どもたちは在籍します。施設が近くになくても、親族家庭や里親家庭に預けられた被虐待児が、地域の幼稚園や学校に通ってくることもあります。また、地域の社会資源の支援を受けながら、在宅のまま家庭で生活し地域の保育所、幼稚園、学校に在籍する子どももいます。どこでも被虐待児とかかわりをもつ可能性があることを想定し、そうした子どもたちへの援助について理解を深めておくことが必要です。

❶ 子どもの身体の苦痛をとりのぞく

　受けた虐待によって、子どもたちは身体に苦痛を残していることがあります。その子どもたちへの援助はまず身体的苦痛をとりのぞくことからはじまります。それは入院や通院をとおして、医療機関でおこなわれます。骨折や裂傷、脳内出血、打撲（内出血）、ヤケド、中毒、性感染症、虫歯などがあった場合は医師を中心とした医療職が治療します。虐待の後遺症として身体障がいや知的障がいが残った場合はリハビリテーションや療育訓練などで対応して機能回復、能力向上につとめます。また、通常の生活に戻ってもてんかん発作やうつなどの精神症状、睡眠障害、多動、失禁などがあればこれらも医療での治療対象になりえます。そして、日常生活が少しでも快適に過ごせるように苦痛をやわらげる対応を

していきます。

　入院・通院にかかわる子どもの負担は思ったより大きなものがあります。友達との交流の時間がけずられたり、学習・授業の機会がけずられたりすることで心配や不安をもたせてしまうことがあります。治療、訓練によって実際に苦痛をともなうこともあります。こういった子どもの実情、心情をまわりの援助者は理解して、子どもの負担を軽くするように配慮したり、看護・通院の機会を楽しく、有意義な時間として生かせるよう工夫することが安心と信頼を深めるきっかけになります。

❷ 安全・安心の確保

　子どもへの援助では、「子どもの安全が確実に保障されている」ことが原則となります。加害者を排除するなり、分離するなりして暴力や支配を再び受けることのない、安心できる生活が確保されることが必要です。

　虐待を受けた子どもにとって安心できる安全な生活環境とはどこにあるのでしょう。虐待という判断により、警察や児童相談所がその家族に介入しても、すぐに暴力のない安全な家庭に改善することは、なかなか期待できるものではありません。そこで、児童相談所は児童福祉法に基づいて虐待を受けた子どもを家族から分離して保護することがあります。

　身体的ダメージが大きい場合は治療を目的として病院へ入院しますが、治療が済んだり、その必要がない場合は、一時保護から児童養護施設や乳児院、障害児施設などの児童福祉施設に子どもを保護したり、里親に委託することになります。親権者の同意がない場合は前述のように児童福祉法28条での家庭裁判所審判を受けることになります。児童福祉施設や里親家庭ではおとなからの理不尽な暴力や支配、権利侵害を受けることがない安心・安全な生活が提供・保障されることになっています。

　親権を盾に無理やり面会や引取りを要求したり、子どもを強引に取り

戻そうとする保護者の脅威から子どもを守り、安心・安全な生活を保障するため、児童相談所や児童福祉施設・里親などは児童虐待防止法を駆使して子どもの安全を守っていきます。

　虐待された子どものすべてが家族から離れて児童福祉施設や里親に保護されるわけではありません。市町村保健センターや福祉事務所、保健所、児童相談所、警察などが家族に介入することで変化が生じ、親族や知人、地域の援助を受け入れたり、同居・別離によって家族構成が変わるなどして家族のなかから理不尽な暴力や支配関係が消えることもあります。

　ほんらいはこのような変化による改善が理想的なのですが、この理想に近づくように要保護児童対策地域協議会と児童相談所は努力します。改善の兆しが見えて、家族の中から暴力や支配が消えたことが確かめられた場合は子どもをあえて引き離すことなく、在宅のまま援助していくこともあり得ます。ただし、ほんとうに安全・安心が保てているのかを随時確かめなければなりませんが、その役割を保育所、幼稚園、学校、学童クラブ、民生児童委員、主任児童委員、保健センターなど、子どもの身近にある組織のスタッフにお願いすることになります。

　保育や教育、生活指導という日常生活の中で子どもたちとかかわっていると子どもの出すサインには必ず気づきます。それは、気がかりなサインのときもありますし、子どもの健全な成長や平穏な家族の営みを示すうれしいサインであったりもします。そういった子どものサインを感じ取りながら見守っていくことが地域の援助者に求められます。

　このように、虐待を受けた子どもたちはどこにいてもおかしくはないのです。その特徴をもつ子どもに気づいたら、その子をとりまく環境が安全で安心できるものなのかを確かめてあげてもいいでしょう。特別な扱いというより、ちょっとした配慮をしてあげることで子どもも家族もケアにつながっていくのです。

　そして、「これは虐待？　再発？」ということがあったとき、それに

気づいた援助者は、「何がなんでもあなたを守ってあげる」という信念をもって対応してあげてください。それが、仕事として子どもにかかわっている援助者の役割です。

生活の場だけが安全であればよいというわけではなく、幼稚園や保育所、学校でも安全・安心が守られなければなりません。子ども同士のケンカも暴力なのですが、対人関係を学び、修正していく貴重な体験であるともいえます。その修正機会への援助者の介入のあり方なども子どもをケアにつなげる意味ではたいせつに扱う必要があります。

それでも、圧倒的に力の差がある年長児からの支配やわいせつ行為を含む暴力については子ども同士の対人関係学習の域を超えた明らかな虐待関係と言えますので、そのサインに気づいた援助者は断固とした決意を持って即刻介入し、弱者を守らなければいけません。

加えて、生活場面や保育・教育場面の中で「しつけ」「指導」「教育」と称しておとなからの行き過ぎた懲戒や体罰、理不尽な暴力・支配・操作があってもいけません。すなわち、これは専門職の児童虐待につながってしまうということです。

前述されていますが、虐待を受けた子どもは、自覚のないまままわりのおとなを操作して、いかにも暴力を振るわざるを得ないような状況を作り出し、虐待関係を再現させてしまうことがあります。その巧みな操作に乗らないため、つねに援助者側の注意と振り返りが必要です。「そんな操作や誘惑には乗らないよ」といった信念がゆくゆくは子どもとの信頼関係をつくる手だてになり、子どものケアにつながっていきます。

❸ 心理的援助

子どもへの心理的援助でたいせつなことには、おおまかにつぎの4つがあります。

ア）安心感をあたえること

イ）信頼関係をつくること
　ウ）子どもの感情表現を感じとり、受けとめること
　エ）罪悪感をもたせないこと
　これらは、特別な技術や難しい専門知識がなければできないものではありません。たいせつなのは子どもとかかわるときに十分な余裕をもって、そのことばや感情表現を真剣に受けとめ、疑うことなく耳を傾けるということです。その中には"うそ"もあるかもしれませんが、うそをつかなければならない子どもの事情が必ずあります。子ども自身はうそや作り話という自覚がなく、真実であると認識していることもあるのです。ですから、子どもの話が真実と違っていたとしても受け止めてあげることも必要なのです。その繰り返しが、子どもの内面に安心感、信頼感を育て、適切な感情表現・自己表現の方法を学ばせることにつながっていくのです。
　こういった対応は子どものケアや援助の時だけでなく、虐待の発見、気づきの時にも役立ちます。第3章にもあるように子どもの身体に虐待を疑わせる不自然なアザや傷、やけどなどを見つけてしまった場合や子ども自身から虐待を思わせる訴えを受けたときの対応から子どもへの援助ははじまります。
　子どもは過酷な虐待環境でも必要以上に適応して自分の唯一の居場所として離れようとしないこともあります。うそでケガの理由を隠してでも家庭にしがみつくこともあるのです。また、性虐待では、そのあまりにも大きな傷つきのせいで、正しい判断ができなくなったうえに自分で抱えきれなくなり、「だれにも言わないで」「先生にだけ話すから……」ということで告白につながることもあります。しかし、おとなが「だれにも言わないから話してみよう」と促すことは避けなければなりません。
　「勇気を持ってつらくて苦しい・悲しい話をしてくれたことはとてもえらかった。その勇気はすばらしいことでまちがってはいない。あなたは絶対に悪くない。だけど、苦しんでいるあなたを救い出すためにはど

うしても確かめておかなくてはいけないことがある。そして、私ひとりではどうしても助けてあげられないから他のだれかに力を貸してもらう必要がある。だから、私とあなただけの秘密にはしておけない。そういう約束はできない。つらいあなたに寄り添ってあげるからもう少し勇気を出そう」というような主旨で子どもを勇気づけることがその後の援助やケアにつながります。子どもに選ばれたおとなの責務・意義を重く受け止めなければなりません。

　虐待は子どもに大きなトラウマ（心の傷）を残します。そして、そのトラウマが子どものさまざまな逸脱行動の原因になり得ることは前述したとおりです。

　トラウマの治療は日常生活場面を活用した「環境療法」とトラウマ自体に焦点をあてた「心理療法」によっておこなわれます。子どもの身体に過覚醒や睡眠障害、過呼吸、うつ、てんかんなどの精神症状や神経症状がある場合は当然医療による治療も並行することになります。

　治療的かかわりで子どもがトラウマから解放されて人間性を回復するまでにはとても長い時間を費やしてしまうのが現実です。治療を受けながらでも、大小とりまぜた非社会的・反社会的逸脱行動を繰り返す場合がありますが、援助者はそれに振り回され、巻き込まれることなく、かつ援助をあきらめたりせずに息の長いかかわりを続けなければなりません。

　保育士や教職員、指導員等の仕事として子どもとかかわる場合、その職員が担当する間だけのかかわり・援助と思われがちですが、必ずしもそうではありません。子どもから「自分の味方・援助者」と認識された場合、職務上の担当を離れても、その子のほうから援助を求められることもあるのです。担任の変更や子どもの進学・転居などの場合には、新しい担当にじょうずに引継ぎながら手紙のやりとりなどのできる範囲内で援助と関係を維持してあげるような覚悟も必要かもしれません。

a　環境療法的アプローチ

　虐待を受けた子どもが暮らすところは、自宅であったり、家族から離れた施設であったりしますが、そこは安全と安心が保障されているところとなります。そこでの生活すべてを使って子どものケアをしていくことを環境療法といいます。日常生活場面、保育所・幼稚園の保育場面、学校の教育場面、学童クラブの生活場面とあらゆるところで子どもへの援助的かかわりをしていくのです。前述した子どもの特徴的な行動をいろいろな場面をとおして修正しながら子どもが感じている「生きづらさ」を軽くしていきます。

　環境療法は「安全・安心感」「庇護感（ひごかん）」を基本に4つのポイントを意識し、生活上の出来事をとおして子どものケアをおこないます。

　「安全・安心感」については前述したとおりですが、「庇護感」というのは、新生児から乳幼児期にかけて母親から子どもにもたらされる無償の愛情（母性）によって得られる、生きるエネルギーの元となるような「守られ感覚」「生きてもいい感覚」「大丈夫感」といえるかもしれません。赤ちゃんは発達するにつれて、母親との距離を少しずつ広げ、不安を感じると母親のもとに逃げ帰ってエネルギーを補給します。そして勇気をもってさらに冒険に向かうことを繰り返して心の成長をはかります。この「庇護感」を子どもと援助者の間に築けることが理想となります。援助するおとなは子どもの母親にはなり得ませんが、愛着関係・信頼関係を深めて子どものエネルギー供給源になれるようにつとめることが望まれます。

　具体的ケアでの援助プロセスでは以下の改善をめざします。

ⅰ）人間関係の修正

「親密な人間関係を暴力や支配をともなわない快適なもの」として繰

り返し体験することでかつての歪んだ虐待関係を修正することです。

例）許すこと、許されることの経験。受け入れられることの喜び。人を信じる経験、など。

ⅱ）感情コントロールの形成

怒りや悲しみ、喜びなどの感情調整を手伝うことで子ども自身が感情を正しく認識し、表現できるようにする。子どもの表出感情と行動を援助者が言語化してあげることなどで自覚できるようにしてあげること。

例）「……でくやしくて怒っているんだね」「すごく腹が立っているね」「こうなるとうれしいね」「悲しくて泣いてるんだね」など。

ⅲ）問題行動の修正

ルール破りや非行の根元には、心理的虐待やネグレクトによる傷つきがあるという認識を忘れないことです。問題行動は過去の虐待関係の中で作られたもので、子ども本人にとっては自己の一部であり、それを否定されることは自分を否定されることにつながってしまいます。したがって問題行動を問答無用と切り捨てるような対応は、怒りや絶望感をもたらすことにつながり、のぞましくありません。問題行動を指摘しても子ども自身を否定しないことがたいせつです。

子どもを叱ることも必要ですが、他の子どもたちの前で叱ることは控えるべきです。とても傷つきやすい子であることを忘れないことです。暴れてしまう子はうしろから抱え込んで（ホールディング）集団から引き離し、一人だけの空間と時間を与えて落ち着かせます。暴れる子ども自身が傷つかないように配慮します。

例）「君のルール破りの繰り返しは、かつてのこれこれこういう体験があったからだと思う。それで、君の中にある何か傷ついた部分が、君をこういうルール破りにかりたてているのかもしれない。でも、その行動はよくない。許されることではない。だから君はそういうルール破り

は繰り返すべきではないのだけれども、君のその傷ついている部分をなんとか見つめ直そう。いっしょに考えていこう」

iv）自己同一性の再形成

虐待関係ではおとなの態度・行動に一貫性がなく、子どもが同じことをしても怒られたり、なんでもなかったりということがあります。その結果、子どもはどんな行動をとればいいのか混乱して自分自身わからなくなっています。正しいおとなのモデルがない状況なのです。そこで、援助者や年長児などが子どものおとなモデルとなって、あるべき自分自身を作っていく作業を生活の場で手伝っていきます。できないところは目をつぶりながら、子どものいいところ・できているところを気づかせ、できることをふやすことで自信から自尊心を育てます。

保育・教育・生活といったあらゆる場面のさまざまな出来事を活用して対人関係や感情表現を体験し、修正していきます。そして、問題行動があったら組織のスタッフ全員が共通認識をもってペアレントトレーニング的対応を導入するなどして、時間をかけて乗り越えていくプロセスにつきあっていくことになります。日常のあらゆる場面を生かした、保育士、教職員、指導員、保護者などの子どもへの援助活動が環境療法ということです。

b 心理療法的アプローチ（トラウマワーク）

子どもの心のケアをおこなう場合、環境療法的アプローチに加えて子どものトラウマについて直接扱うことが必要になりますが、それは心理療法という枠の中でおこなわれます。心理療法はトラウマとなった出来事の「再体験」、それにまつわる感情などの「解放」、その出来事を現在の自分の意識へ「再統合」することで、過去のものとして記憶の中で処

理することを目標に展開されます。

　この「再体験」「解放」「再統合」といわれるトラウマ治療の3要素をたどるプロセスはトラウマワークといわれることもあります。

　トラウマワークとしての心理療法は個別治療が基本ですが、虐待によるトラウマを抱える複数の子どもを対象とした集団療法（グループワーク）を治療手段として活用することもあります。

　また、トラウマへの直接的アプローチではないのですが、二次的に生じている対人関係トラブルの軽減や、暴力回避を目標に怒りや恐れ、悲しみなどの感情コントロールと対人関係のノウハウを学ぶ子どものSST（ソーシャルスキルトレーニング）の一つであるセカンドステップと呼ばれるグループワークを低年齢児におこない、生活能力の修正と向上をめざすこともあります。

　いずれにしても心理療法的アプローチは細心の注意と高度な専門技術が求められますので、専門的な臨床家・治療者に委ねることが必要です。しかし、子どもの心理治療をおこなえる治療機関はまだまだ少ないのが現状です。小児医療を専門とする総合病院や精神科・心療内科の診療所・クリニック、児童相談所、児童福祉施設などの児童精神科医や臨床心理士、児童心理司、施設心理士が所属する専門機関に委ねることになります。

c　子どもへの心理療法

　子どもへの心理療法は基本的にプレイセラピーを用いることになりますが、子どもの年齢、性別、コミュニケーション能力などによってトラウマへのアプローチのしかたを選択します。

　記憶の中のトラウマを処理するための治療構造はトラウマ治療の3要素である「再体験」「解放」「再統合」を目標に、心理治療者と子どもの個別対応をとるのが基本です。ことばをうまく使いこなせない思春期以

前の子どもはトラウマティックプレイセラピーのなかで治療の３要素をふみながら記憶のなかの歪んだ認知を修正していきます。

　指人形を使ったパペットプレイや、ぬいぐるみ・人形・ドールハウスを使ったドールプレイに加え、身体感覚を使ったボディワークや絵画・粘土などの創作・表現活動などを交えてトラウマとなった出来事の記憶と直面しながら乗り越えていく作業をおこないます。

　思春期以降で、ことばを使って記憶をたどったり、気持ちを表現できる子どもはトラウマティックプレイセラピー以外にＰＴＳＤ治療に利用される暴露療法や認知行動療法、ＥＭＤＲ（眼球運動による脱感作療法）などを使うこともあります。

　トラウマワークとしての心理治療は、トラウマとなった出来事に直面化する操作的心理治療であるため、子どもにとって負担のかかるものとなります。ときにはフラッシュバックを起こして固まったり、泣いたり、怒ったり、意識をなくしたりといったパニックになることもあります。

　さらに、日常生活場面に戻っても一時的に逸脱行動が激しくなることもあります。言動や行動が攻撃的になったり、ひきこもり傾向になったり、おねしょや赤ちゃんがえりがあったり、いたずら・いじわる・ルール破り、子ども同士の虐待自慢や被害くらべや虐待場面の再現遊びとして展開されることもあります。それは環境療法の介入場面として活用できるものとなりますので、援助者は、子どものサインを見逃さないようにしなければなりません。これらは、心理療法の副作用と言えるかもしれませんが、「このような症状が出る」という想定を含め、心理療法を担当する専門職は、保護者や環境療法的にかかわりを持っている援助者と綿密な情報交換と協議を重ねて、子どもの負担が最小限になるように配慮します。そしてトラウマワーク・心理療法の効果をあげることにつなげていきます。

❹ きょうだいへのサポートおよびケア

　虐待環境にある家族に複数の子どもがいた場合、みんなが虐待関係に苦しめられる場合もありますが、子どものひとりだけが犠牲になることもあります。スケープゴート（身代わり・いけにえ）として家族をまとめる不幸な役割を持たされてしまう子どもということになります。家族の虐待が明るみに出てスケープゴートとしての子どもが不幸にも亡くなってしまったり、警察、児童相談所の介入で家族から分離・保護されてしまった場合、残された子どもたち（きょうだい）にトラウマが刻み込まれると同時に新たなトラウマを生むことにつながることがあります。

　残された子どもは虐待の現場を目撃していることがあります。そのとき、次は自分かも知れないという恐怖を味わっているかもしれません。ときには加害者のいいつけを拒みきれず、もしくは「当然のことだ」と思い込まされて、彼らは暴力に荷担したのかもしれません。拒めば自分も暴力を受けるかもしれない恐怖にさらされたということです。その結果として被害児となったきょうだいは傷ついてしまいます。暴力荷担や守ってあげられなかったという思いから、自責感情、罪悪感を持ってしまうこともあります。逆に、「あいつ（被害児）のせいで家族がおかしくなった」と被害児を恨むこともあります。また、加害者との生活を続けながら、恐怖感や不安、罪悪感など、何も感じていないかのような子どももいますが、これは加害者に完全に取り込まれて認知のゆがみをもってしまった結果と言えるかもしれません。

　いずれにしても、きょうだいにもたらされたトラウマや認知のゆがみは、その子どもにさまざまな問題行動を引き起こします。ＰＴＳＤ症状や非社会的・反社会的行動として虐待を受けた子どもと同じような特徴を見せても不思議ではありません。

　きょうだいは暴力による被害を受けず、親子関係に虐待関係がないと

みなされて在宅のままでいることが多いのですが、見方によっては心理的虐待の被害児と言えるのです。

こういった被虐待児のきょうだいへのケアも必要ではあるのですが、なかなか気づいてもらえないことが多いようです。そのサインを感じとってケアにつなげるのは身近な保育士、教職員の役割です。そして環境療法的アプローチをもって対応し、子どもの症状が重い場合は保護者と協調して専門家につなげることも必要です。

❺ 家族再統合

これは、虐待された子どもを一時保護所や施設に保護した児童相談所と要保護児童対策地域協議会の役割になります。

家族から離れて施設や里親家庭、親族家庭で癒された子どもと虐待関係が修復された元の家族が確認され、子どもと保護者の両方が家族としてやり直す意志を示した場合、家族再統合が実現することになります。ただし、どんなに子どもの癒しと家族の修復があったとしても長い間離れて暮らしていた親子が円満な関係をもっていっしょになることはなかなか難しいものがあります。

それは、虐待以外の事情で施設を利用した子どもが家庭復帰するときも同じようなとまどいを経験するものなのですが、虐待によって離れた親子の再統合はなおさら難しくなるのは当然のことです。慎重な打ち合わせを繰り返し、手紙などの交流からはじめ、第三者立ち会いの面会、親子面会、外出、帰省、長期帰省と順を追って時間をかけたプロセスを経ていくことになります。

親子と家族に対しては心理教育的かかわりを続け、保育所、学校、市町村、親族等の地域資源を総動員して援助します。必要に応じて保育所・学校職員や親族にも心理教育的指導を受けてもらい、被虐待児の一般的理解や対応方法、対象の子どもの特徴と具体的対応法について理解

を深めてもらうこともあります。
　ただし、子どもの家庭復帰は一律的な最終目標ではなく、安全な、面会・外出・外泊もできる親子関係・家族関係へと修復を促し、親子が分離した生活を維持したまま子どもの自立をはかることも再統合の一つのあり方と考えることができます。

❻ 援助者へのサポート

　虐待を受けた子どもとのかかわりを続けると、援助するおとな側にもさまざまな影響が生じます。医師や心理治療を担当する専門職はその影響について熟知していますので、それぞれの対処法をもって解決します。
　一方、保育士や教職員、指導員は子どもと接する機会が多く、子どものケアで重要な役割を果たしているのですが、その過程の中で大きな影響を受けているにもかかわらず、そのことを自覚しないまま苦しんでいる場合があります。
　子どもに一生懸命かかわっているのに子どもとの関係が深まらず、問題行動もなくならず、むしろエスカレートする。怒りを感じて暴力や支配の誘惑にさらされ、しまいには、自分のかかわり方や、職業意識、ひいては人間性まで否定されたような感覚に包まれ、自己嫌悪、自信喪失にいたってしまうこともあります。それは、子どもの担当として、自分一人でなんとかしようと抱え込み、子どもの虐待関係に巻き込まれてしまった結果なのです。
　援助者のつまずきは、「子どものケアはその子をとりまくすべての人が担っていく」という意識改革で乗り切れることもあります。加えて同僚・上司・関係機関のスタッフに援助を求め、知恵を借りたり、実際に支援を受けることで冷静さをとり戻し、子どもの巻き込みから抜け出すことができるでしょう。
　ふだんからサポートしあえる職場環境や支援者を作っておくことはと

てもたいせつなことです。子どもの誘惑にまどわされて援助者が怒りや行動のコントロールを失うことは援助者からの虐待につながり、ひいては燃え尽き症候群に陥って貴重な人材を失うことにもなりかねません。同僚、上司は担当者の傷つきやつまずきに気づいてあげられるような感性を保つよう心がけてほしいものです。　　　　　　　　（平野修司）

＜注＞
1）夜驚症：子どもが睡眠中に、突然起き上がって驚き怖がるように泣き騒ぐ症状。情緒的不安などがあるため起こるといわれる。

【参考文献】
・西澤哲『子どもの虐待と被虐待児への臨床心理的アプローチ』子どもの虐待防止センターＣＡテキストブックNo.10　1997年
・西澤哲『子どもの虐待──子どもと家族への治療的アプローチ』誠信書房　1994年
・シェリルＬ．カープ・トレイシーＬ．バトラー著／坂井聖二・西澤哲訳『虐待を受けた子どもの治療戦略被害者からサバイバーへ』明石書店　1999年
・高橋三郎・大野裕・染矢俊幸訳『ＤＳＭ－Ⅳ精神疾患の分類と診断の手引き』医学書院　1995年
・ビヴァリー．ジェームズ編著／三輪田明美・高畠克子・加藤節子訳『心的外傷を受けた子どもの治療』誠信書房　2003年
・西澤哲『トラウマの臨床心理学』金剛出版　1999年
・杉山登志郎『子ども虐待という第四の発達障害』学習研究社　2007年

2 ── 家族への援助内容

　ここでは家族への援助内容についてふれます。この場合の家族というのは、虐待をしている親、または、養育者（虐待者）への援助ということだけではなく、虐待という問題を抱えた家族全体への援助と考えてほしいと思います。そして、ここでいう「援助」というのは、虐待者への直接的な働きかけだけをさすのではありません。多くの場合、密室でおこなわれている虐待をオープンの場で話し合う、すなわち虐待に介入するということが、（虐待をしている親、家族へアプローチすることで）虐待者の苦悩を軽減することへつながると考えます。

　たとえば、虐待の電話相談をしている相談員の方に話を聞くと、電話をかけてくるのは、多くの場合、虐待をしている、もしくは虐待をしそうだというお母さんですが、「自分が子どもに虐待をしているのではないかと、ひとりでずっと苦しんでいた」と話すそうです。したがって、援助として最初にできることは、周囲の人が、お母さんが子育てで悩んでいるのではないか、苦しんでいるのではないかということに気づくことです。

　虐待者にはいろいろなパターンがあります。なかには「いつもは子どものことを大事に思っているのに、カーッとなってしまったときには自分でもわけがわからなくなり、気づいたら子どもを叩いてしまっている」というお母さんもいます。

　このような場合、密室でおこなわれている虐待を、家庭の中から外へ相談として持ち出すことが、虐待を受けている子どもを助けるのはもちろん、実際に虐待をしているお母さん自身を援助することにもなります。そのことについて、具体的な事例にふれて考えてみましょう。

1 ●保育者による家族への援助－事例１－

　認可保育所に通園中のＣちゃんのようすに担任の保育士は最近気になっています。たとえば、友達とおもちゃの取り合いでケンカになったとき、保育士が間に入ろうと近づくと、Ｃちゃんは身体をびくっとさせ、動作が止まってしまいます。そのときのＣちゃんのおびえきった、下から保育士の顔をのぞき込むような固まった瞳に、保育士はびっくりしてしまいました。

　また、お母さんのお迎えの時、Ｃちゃんは、「おうちに帰りたくない」と部屋から出てこないことがありました。その真剣な声に、保育士は何か「あれ？」と感じたのです。その時のお母さんの何ともいえない表情も気になってしかたありませんでした。

　このような場合、みなさんでしたらどうしますか？

　「ちょっと気になったけど、子どもは遊びに夢中になれば、帰りたくないとぐずることだってある」と思うかもしれません。しかし「あれっ、へんだな？」と思う、自分のカン（プロのカン）を信じてみてください。

　そして、その「へんだな？」を口に出して、だれかに話をしてみましょう。職場の同僚や園長でいいと思います。そして他の職員からも同意が得られたら、つぎは保育所の外へ相談してください。日頃からかかわりのある、児童福祉担当のケースワーカーや家庭児童相談員に相談してみましょう。または、園の嘱託医や、行き来のある保健師でもいいと思います。

　その間、保育所では、Ｃちゃんのようすによく気を配って見ていてください。たとえば着替えの時にふつうにはできないところに傷はできていないか、清潔なようすでいるか（お風呂に入れてもらっているか）、栄養状態はどうか（急に痩せていないか）、食事場面でのようすはどうか（ガツガツ食べていないか）などです。このとき、Ｃちゃんのお母さ

んにアプローチをしたくなりますが、それは、今までCちゃんと保育者の関係がどうであったかが影響してきます。

　また、生命の危険があるかどうか、一刻を争う状況か、それともようすを見ながら機会をうかがうか、どうかも検討します。

　「身体に傷があったけどどうしたの?」というような直接的な問いかけは、お母さんにとても警戒心を持たれてしまう場合があります。かえって本人は、「この人は自分のことを責めようとしている。自分を守らなければ」というふうに捉えてしまい、より虐待を密室化させてしまう場合もあります。お母さんへの態度は、今までどおりで構わないかもしれません。そして今までよりも少し、声かけを多くしてみるのもいいと思います。「自分のことを気にしてくれている人がいる」という安心感を与えることがたいせつでしょう。

　また、保育所がCちゃんについて他機関へ相談していることをお母さんに了解してもらう必要はありません。子どもの安全を守ることが一番たいせつであるということを考えれば、個人情報の漏洩とはならないからです。

　家族への援助を考えるときには、関係者間(公的、私的を含む)でそれぞれの役割を分担し、その援助の目標を一致させることが重要です。

　家族へのアプローチをどのようにおこなったほうがよいか、関係者間でよく話し合ってから、実際的な援助をはじめたほうがよいと思います。いろいろな機関や関係者が家族に接していくわけですから、それぞれがバラバラな考えで働きかけをしてしまうと家族自身もとまどってしまい、解決につながりません。

　お母さんに直接アプローチをとるのは、虐待問題に経験のある人があたる場合があります。その場合、その役割を担った人と日々の子どもやお母さんの状況を観察できる人との連絡は密にとってください。家族への直接的なアプローチが日々の生活へどう影響しているのかを観察できる立場の人からの情報はとてもたいせつです。

さて、Cちゃんの場合の保育士の役割としては、"虐待の疑いをオープンにして、相談の場へと引き出す"ということと、"毎日の子どもの変化に気を配り、観察していく"ということではないかと思います。どちらの場合もたいせつなことは、このケースの関係者との連絡を密にとることです。情報を抱え込まず、関係者にオープンにしていくことです。直接的に自分がお母さんにかかわるだけでなく、その役割を担う関係者と連携することが、間接的ではありますが、虐待をしているお母さんの苦しみを軽減することにつながります。
　つぎに、直接的にお母さんを支える必要があった事例を紹介します。

2●保健師による家族への援助－事例2－

　小さく産まれた赤ちゃん（低出生体重児）の家庭訪問に出かけた保健師は、今日会ったあるお母さんのようすが、心に引っかかります。
　電話で家庭訪問の約束をとったときの、お母さんの「不安でしかたない」といった、たたみかけるような話し方と、今日会った時の、表情の変化の乏しい言葉少ないようすとが、同じ人とは思えないほど離れていたのです。
　幸い、赤ちゃんは順調な発達をしていました。保健師は、乳幼児訪問をするときに活用する、産後うつ病をスクリーニングするための質問用紙をお母さんに記入してもらいました。その結果、産後うつ病が疑われ、赤ちゃんの育児がおこなえるような状態でないことがわかりました。そして、産後うつ病の治療を開始し、父やそれぞれの祖父母のサポートを受けながらできる範囲で育児をおこなうようになりました。
　このような事例でも、やはり最初の「気になるな」という気持ちをひとりで抱え込まず、他の人へ相談することがたいせつです。最近は虐待の早期防止ということで、新生児への家庭訪問がおこなわれる場合が多くなっています。また、虐待の原因の一つになる産後うつ病の早期発見

のノウハウも積み上げられています。また、産科の病院から地域の保健機関への虐待予防のためのケース連絡票が活用されている場合もあります。これらの情報を取り入れ、虐待の心配があると思ったら、児童相談所への通告が必要となるかもしれません。このときの情報提供は、保健師の役割です。また地域での役割として、母子相談をおこなうことで、お母さんの伴走者となることもできます。そのほかに利用できる母子サービスの提供をおこなうことで、お母さんと赤ちゃんを取り巻く関係機関を増やすこともできます。一人だけでケースを支えるのではなく、ネットワークでのかかわりが可能になります（産後うつ病については、詳しくは第5章3節、193ページをごらんください）。

3 ● 養護教諭による家族への援助－事例3－

　D小学校の養護教諭は、最近よく保健室に顔を出すEくんのことが気になります。休み時間になると保健室を訪れ、とくに何を話すでもなく隅の方でじっとしています。つぎの授業時間がはじまっても、しばらくは教室に戻るようすもなく、促されてやっと教室へ向かいます。担任の先生に話を聞くと、最近授業に集中できず忘れ物も多くなっているそうで、担任の先生も気にしていることがわかりました。Eくんには妹がいますが、妹の担任の先生によると彼女も同じような状態で、給食の時間などは他の児童の分まで食べようとしているということです。

　担任の先生が、両親に連絡をとってもいつも留守で、Eくんに聞くと、「お父さんもお母さんもしばらく家に帰ってこない。妹と二人でいる」とのことです。この話を聞いて、養護教諭はこのまま放ってはおけないと思いました。

　この事例でも、やはり「気になるな」と感じたものをそのままにせず、Eくんの家族状況などの情報を集め、どこへ相談をするのかを検討することがたいせつです。相談先は児童相談所、市の児童福祉を担当してい

る部署などがあります。まずは、自分から周りの人へ相談すること、そのつぎはさらにその外へ相談することが求められます。

　学校の場合、他の機関へ相談するということは手続き上、煩雑(はんざつ)なことがあるかもしれません。しかし、前述したとおり、児童虐待の疑いがあると思った人は、だれでも、児童相談所または福祉事務所への通告が義務となっています。とくに子どもと接する機会のある専門家には、必須の義務でしょう。その疑いを自分の中で抱え込まず、外へ相談を持ち出すことで、つぎのアプローチが考えられていくのです。

　いくつか事例を挙げてみましたが、「家族への援助」とは、じつは虐待への介入をしていく段階で、家族へ間接的におこなわれていくものでもあると思います。

4 ● 直接的な家族への援助の実際

　それでは、直接的な家族への援助の場合はどうか、その実際を紹介します。その役割を担うことが多い関係者としては、日頃から母子に接することの多い医師（小児科医）、看護師、保健師、保育士、教員、また治療の段階になると精神科医、臨床心理士などがあげられます。しかし、この援助は一人だけがおこなうことではありません。また、その援助の対象を虐待者だけに限っても、問題の解決にはつながりません。その理由は、一つの家族の中のいろいろな問題の集積として、虐待がおこなわれている場合が多いからです。

　たとえば、虐待者が母親の場合、その虐待に気づいていない、あるいは、見て見ぬふりをしているお父さんや家族がいるかもしれません。また、現在は虐待を受けていないかもしれませんが、虐待の現場を見ている他のきょうだいなど、その影響を受けている家族もいます。したがって家族の問題をとらえたうえでの援助が必要となります。

この場合、しばしば、子どもに一番接していることの多い母親の苦労、心配、不満などを分かちあうことのできない夫婦関係や、「育児はこうあるべきである」などの固定観念にとらわれたプレッシャーを与える祖父母、近隣の人など、関係の調整が必要な問題が山積みしていることが少なくありません。

　また、母親自身が虐待者ではない時でも、ほかのおとな（たとえば父親など）が自分の子どもに虐待をおこなっているのだが、ＳＯＳを出せないでいる場合、あるいは虐待を疑っているが、その事実に目をつぶろうとしている場合など、やはり子どもに一番接していることの多いのが母親です。したがって、家族への最初のアプローチ対象は、その人自身が虐待をおこなっていてもいなくても母親になることが多いでしょう。

　しかし、虐待が疑われたときに、はじめて母親と接触し、信頼関係を築いていくのは難しいことです。母親が虐待をしている場合、まわりからのアプローチにはとても敏感になっていることが多く、アプローチに対して、拒否的な感情を持ったり、反応をすることが見られます。

　この場合、母親へのアプローチが比較的スムーズにできる人は、その母親にとって虐待が起こる前からかかわりのあった人、たとえば子どもが乳児の場合は、出産時や乳児健診、新生児訪問などで前もって面識のある産婦人科医、小児科医、助産師、看護師、保健師などが考えられます。虐待が疑われているということに対して、母親は敏感に反応するので、新しくかかわりをはじめた人が、その家族の問題にまで踏み込んでいくのは難しいことが多いようです。それよりも以前からの人間関係をフルに活用し、「以前のようすはこうだったけれど、今のようすはどう？」と自然な流れで、現在の子どものようす、家庭状況などを聞きやすい立場の人がいいでしょう。そのほかには、近所の民生委員や協力してもらえる親類など、子どもとその家族の周辺を網羅する人々の検討が必要です。

　また、子どもや母親にかかわることの多い仕事の人は、母親に対して、

「自分のことを疑っているから、(この人は自分に)話しかけているに違いない」という警戒心を与えることなく、アプローチできるという利点があります。

5 家族(母親)へのアプローチ7カ条

① 母親に対して、批評、批判はしない態度、言動で接すること

これは、虐待をしている母親へだけでなく、相談業務をおこなっている人たちにとっては、大事な基本的態度だと思います。しかし、なかでも虐待の疑いがある場合には、とくに注意を払わなければなりません。周囲の反応に対して敏感である母親は、少しでも批判的な態度をとられると、「この人は自分を受け入れてくれない」と感じてしまいがちで、せっかく接触できた機会を逃してしまうことになります。

たしかに専門職から見て、母親の態度や行動について修正を求めたくなることがあるかも知れません。しかし、一番たいせつな目的が何であるか考え、たいしてその妨げにならないことをお母さんに指摘する必要はありません。また、育児の方法について一方的に説明することも、「自分の育児の方法が否定されている」と感じられてしまうこともあるので、注意しなければならないと思います。

② 母親のはき出された気持ちを、そのまま受け止めること

母親との信頼関係ができてくるなかで、母親が子どもや家族に対しての自分の心の内を打ち明けてくれる場面が出てきます。それはマイナスの感情であることが多く、ときには、虐待の事実の告白になることもあります。その時には次のような点に気をつけて、その気持ちを受け止めることがたいせつです。

たとえば、母親が「赤ちゃんが泣いて、泣いてしかたがない。私が何をしてもちっとも泣きやまない。パニックになってしまう」と話してく

れたとします。赤ちゃんは、ときに母親の手に負えない状況になることもあること、それは対応が悪いわけではなく、赤ちゃん特有のものであり、ほかの赤ちゃんにも多少の差はあるが出てくるものであることを伝えることで、母親の、自分で自分を責める気持ちを軽減できることがあります。

また「育児がイヤでたまらない。子どもを投げ出してしまいたいと思う」という感情を伝えてくれたときには、言いにくいことを言えた勇気と、よくぞ私に話してくれたことを感謝し、そのうえで、その感情は異常なことではなく、程度の差はあるが、ほとんどの母親の心にわき起こる感情であることなどを伝え、本人の気持ちを少しでも楽にすることができます。しかし、この気持ちが長期的に続いてしまう場合には、ほかの人へ相談の輪を広げていくことが、母親自身の負担を軽減することになるということを伝えます。

③ **一番たいせつなことは「子どもの安全」です。緊急の事態に備えて、関係者間の準備は怠りなくすること。**

繰り返しになりますが、「虐待」にかかわるときのたいせつな目標は、「子どもが、安全、健康に成長することを見守ること」です。

子どもの安全が確立していないなかで、家族へのアプローチをおこなうときは、どの状態がタイムリミットであるか、あらかじめ関係者間で確認しておく必要があり、またアプローチを長期間おこなっていくと、"母親が一番の対象者である"と援助者自身の考えがすり替わってしまうことがあります。しかし、なんといっても一番の対象者は、虐待を受けている子どもであるということを忘れてはいけません。子どもの安全が確認できていないときは、関係者間の連絡を密におこない、いざという時には時期を逃さず対処する必要があります。

一方、緊急の介入の場合、虐待の事実を虐待者に告げ、緊急介入することを告げることは、虐待をしている親にとっては自分が虐待してい

る事実を突きつけられることになります。また、子どもの安全を保護するために、虐待を受けている子どもを虐待者から離し、一時保護施設へ保護するということは、虐待をしている親にとって納得のできないことになる可能性があります。また、子どもの一時保護施設入所に関しては、児童相談所長の権限でおこなうことです。この一連の流れの中で緊急介入する役割の人は、虐待をしている親に"敵"と捉えられてしまうことがあります。かかわるチームの中で、緊急介入をする人と、親側をサポートする人と役割分担をする必要があります。

④ 必要のある時は、自助グループを含めた、治療目的の専門機関の活用をすすめること。

　虐待者が、精神病圏の病気を持っていて、その症状のために虐待をしてしまうという場合もあります。また家族内の問題として、虐待者自身でなくても、家族の中のだれかのアルコール依存症、薬物依存、夫婦間暴力、うつ状態などのある場合があります。家族内の問題を解決することにより心の負担が減り、心のゆとりを持つことで虐待の問題に家族自身が立ち向かうことができるのです。

　また虐待者自身が、過去に虐待を受けた経験がある場合もあります。「虐待者」という側面だけではなく「虐待を受けてきた人」として、虐待被害者の自助グループへの参加も、同じ経験をした人同士での分かちあいという自助により虐待を受けた体験から解き放たれることができる方法の一つです。また最近では、「子どもにどう接してよいかわからない」「子どもがかわいく思えない」「いらいらして、つい子どもにあたってしまう」「親として自信が持てない」など、子育てに悩んでいるお母さんを対象にグループミーティングを実施している保健機関もあります。

⑤ 母子だけの関係ではなく、第三者とのコミュニケーションの機会をすすめること。

強い育児不安がある母親に対しては、地域での育児教室や育児サークルをすすめることがあります。母親自身が地域とのかかわりを持つために参加するということは、とてもよいことです。育児グループも、一種の自助グループといってもいいと思います。専門家だけとの関係より母親同士のつながりが、母親にとって心強いものになります。

　また、育児に対して肯定的な感情の持てない母親の場合は、子どもと一日24時間いっしょの緊張感ある密着関係を緩和するためにも、保育所などの利用をすすめるのも一つの方策です。物理的に、子どもと離れる時間を作ることで、母親自身の考えを整理する時間を持つことができ、必要であれば母親自身のカウンセリングの機会を持てることにもつながります。また家族自体の問題、夫婦関係の問題を考える機会にもなります。

⑥ 自信のない母親へは、肯定できる部分は十分に肯定し、評価していることを言葉で伝える。

　母親自身が子育てに自信を持っていない場合があります。その自信のないなかで、子どもが自分の言うことを聞いてくれなかったり、思ったように子どもが成長しなかったりすると、自分の自信のなさを子どもに見せつけられていると感じてしまうことで、虐待の芽が出てしまうことがあります。このようなケースでは、肯定できる母親の行動や態度を、専門家が支持することで、母親が育児に自信を持ち、ゆとりを持つことにつながっていきます。

⑦ 家族のなかの一人だけへの援助に固執せず、家族全体への援助のバランスを考えにおくこと。

　家族への援助をおこなうとき、たとえば虐待をしているのが父親で、それを止められない母親を最初の援助の対象とし、母親だけにアプローチをしていると、母親は自分にだけ家族関係を修正するよう強要されて

いるように感じてしまい、そのことがプレッシャーとなり、問題解決に向かえなくなり、その問題から逃げてしまうということがあります。

　虐待の問題が、虐待者と虐待を受けている子どもの関係だけでなく、その家族内のアンバランスが、家族の中で一番弱い立場にある子どもへ集中しているという側面でとらえ、その家族の全体とのバランスを考えることが問題解決には必要です。

　今まで、いくつかの点を挙げて、家族への援助について述べてきましたが、たいせつなことは、家族の援助というのは、その援助だけが独立したものではなく、虐待の問題を解決するというなかで、子どもの安全を第一に考えておこなわれるものであるということです。虐待の発見、介入、子どもへの援助という流れのなかでおこなわれることであり、介入チームの統一された働きかけのなかでおこなわれることがたいせつなのです。

　つまり「家族への援助」という役割を担った人だけの考えではなく、その介入チームの働きかけの方向性に沿ったものとして援助がおこなわれ、その経過を介入チームへ還元していくことが必要です。そしてそれぞれのかかわりに変化があったときには、援助の方向性について、再検討を重ねていく必要が出てきます。

　また、急いで援助の成果を求めないでください。その虐待者自身が、今まで背負ってきた生育歴の中での問題を解決するには、一歩一歩の緻密な援助が重要で、それがその家族の苦悩をやわらげていくことにつながるのです。

6●たいせつな「チーム」を組んでの援助

　最後に、チームを組んで援助をおこなった事例を紹介します。
　保健師とそのお母さんＦさんとの最初の出会いは、Ｇ町の保健センタ

ーで開かれた母親学級でした。妊娠中のＦさんは義母（夫の母）に連れられて学級に参加していましたが、義母のほうが熱心で、Ｆさんはぼんやりしていることが多いようすでした。

　その時のようすが印象的で、Ｆさんの出産後も乳児健診の時など保健師のほうから声をかけていました。その後、その赤ちゃんＨちゃんが１歳２ヶ月になったころに、保健師に義母から相談がありました。内容は「嫁のＦがきちんと子育てができていないようだ。Ｈちゃんは昼間紙おむつ１枚で家の中をよちよちしている。離乳食もミルクもきちんとあげていないようだ」ということでした。義母は近隣に住んでいますが、１～２週間に１回くらい家に遊びに行っていました。「嫁のＦの表情も暗く、私が話しかけてもあまり返事しない」ということでした。義母の息子であるＦさんの夫は、現在単身赴任中で、ＦさんとＨちゃんの状況をよくわかっていないようすでした。

　保健師は以前から顔見知りであり、ちょうど１歳２ヶ月が健診の狭間なので、保健センターでおこなっている乳幼児相談のお誘いも兼ねて、家庭訪問をすることにしました。最初の家庭訪問では、Ｆさんの表情は硬く、Ｈちゃんも肌が青白く、あまり外に出ていない印象で、身体も小柄で痩せていました。Ｆさんも、当たりさわりのない世間話にはのってきますが、Ｈちゃんのことになると、話を向けても「さあ……」と気のないものになってしまいます。この家庭訪問の時点で、保健師はネグレクトの疑いを持ちました。そのことはＦさんには伝えず、保健センターでおこなう乳幼児相談をすすめました。Ｆさんは「連れていくのが大変……」と渋るようすも見せましたが、なんとかその誘いをＯＫしてもらいました。

　保健師は、前もって乳幼児相談の医師も含むスタッフへ、この母子のことを伝え、虐待の疑いがあるかもしれないので継続相談を考えている旨を周知しました。このときの相談では、医師より「経過観察しましょう」とＦさんに伝えられました。またＨちゃんはスタッフが預かり、Ｆ

さんがゆとりのあるなかで話ができました。2、3回の乳幼児相談を重ねると、Fさんも家の中の困り事を話してくれるようになりました。またその間は義母と相談して、Hちゃんの安全確認のための見守りをお願いしました。ただし、その方法もFさんの負担にならないように義母と打ち合わせました。

　さて、家族の心配事として、夫婦の関係がギクシャクしているということが出てきました。育児が大変で、単身赴任で不在の夫に対し、しかたがないとはわかっていても不満がたまる。そんなこともあり「夜眠れない、食欲がない、何かしようと思う気力が起きない」、などの訴えを出してくれたため、精神科医療機関への受診をすすめたところ、本人も承諾し受診ができました。

　この時点で、G町でおこなわれている児童虐待防止に関するネットワークミーティングにこの事例を出し、検討をおこないました。その際、Fさんの精神科での治療継続と、育児の負担軽減がはかれるということで、保育所の利用が提案され、本人も利用を希望し、通所となりました。

　Fさんの精神科での治療がすすみ、単身赴任中の夫も時間のやりくりをして、精神科受診に同行し、Fさんの現在の状況を確認して、現実に目を向けられるようになり、Fさんの気持ちを支える働きかけをしてくれるようになりました。

　Hちゃんは保育所に通えるようになりましたが、最初のうちは保育所利用の申請から書類の手配など、それぞれの部署でFさんへの「お手伝い」が必要でした。また通うようになっても、Fさんの送迎ができないためと思われるお休みが目立ちましたが、保育所入所前のネットワークミーティングの打ち合わせもあり、お休みが続いてもそれを責めず、通うことを「がんばっているね」と認めるようにしたことで、Fさんにとっては保育所への通所が苦にならなくなり、送迎のときも、保育士と笑顔で話ができるようになってきました。そして、Hちゃんも表情が出てくるようになってきました。

この家族への援助ははじまったばかりです。長い期間の援助がさらに必要でしょう。一人の援助者の力には限界がありますので、この援助が長く続くためにも、「援助チーム」と「援助目標」の確認をし続けることが必要となるでしょう。　　　　　　　　　　　　　　（黒田　敏枝）

chapter 5

子ども虐待を
　　予防するために

1──子どもへの虐待の防止につながる CAPプログラム

1●CAPとは

　CAPプログラムの「CAP」とは、Child Assault Prevention（子どもへの暴力防止）の略で、人権を基盤にした暴力防止のための教育プログラムです。

　CAPプログラムは、1978年にアメリカ合衆国オハイオ州コロンバスで起こった小学2年生女児の登校途中でのレイプ事件をきっかけに、レイプ救援センターと児童発達の専門家・心理療法士・医師・教育者さらには演劇の専門家に協力を得て原型が作られました。その後、研究と改良が重ねられ現在のプログラムに至っています。現在、世界の十数カ国に広がっています。

　日本には、森田ゆりさんによって1985年に紹介され、1995年からCAPプログラムを提供する「CAPスペシャリスト」の養成がはじまりました。

　現在、NPO法人CAPセンター・JAPANがCAPプログラムを提供する人材の養成・研修とともに、グループ間のネットワークづくりを担い、160のCAPグループが所属しています。

2●プログラムの内容

　CAPプログラムは大きく二つのワークショップに分けることができます。教職員や保護者・地域の方に向けた「おとなワークショップ」と、

図1　おとなワークショップから子どもワークショップへの流れ

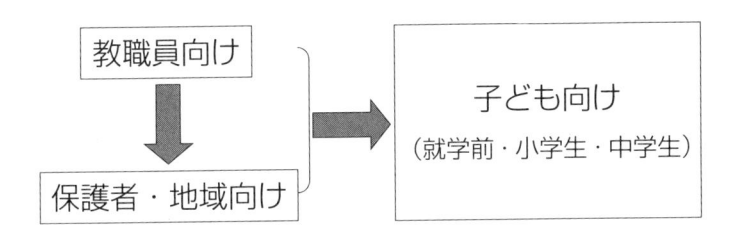

```
┌──────────────┐
│  教職員向け  │──┐      ┌──────────────────┐
└──────────────┘  │      │    子ども向け    │
       ↓          ├─────→│(就学前・小学生・ │
┌──────────────┐  │      │     中学生)      │
│保護者・地域向け│──┘     └──────────────────┘
└──────────────┘
```

年齢に応じて、内容などが工夫されている子どもを対象にした「子どもワークショップ」です。

　このプログラムは学校（保育園・幼稚園）の授業の中で実施することを見据えて作られています。順序としては、上記図1のような実施形態であるとその有効性は高まります。また、このプログラムは子どもワークショップのみで実施されることはありません。なぜなら、まず、子どものまわりにいるおとなたちが、このプログラムを理解することで、おとなたちも日常的な対応を考えることができ、子どもワークショップを受けた子どもたちが、その日から暴力防止の実践をできるからです。

　子どもワークショップでは、まず、人には「安心する権利」・「自信を持つ権利」・「自由に生きる権利」という三つのたいせつな権利があることをていねいに伝えます。これは食べることや寝ることと同じように、だれもが持っている基本的人権です。その後、ロールプレイ（役割劇）を通じて、三つのたいせつな権利があったかどうか子どもたちに問いかけます。

　そして、権利（人権）が侵害されていた場合、何ができるか、どうしたらいいかを子どもたちに投げかけます。どの場面においても、「No（「いや」と言う）・Go（逃げる、その場を離れる）・Tell（誰かに話す）」という三つの方法を導いていきます。

たとえば、小学生のプログラムでは、三つの暴力の場面（子ども同士で起きるもの、知らない人からのもの、知り合いのおとなからのもの）のなかで、子どもたちは自ら考え、自分の意見を述べることで、暴力に対して自分にもできることがあることを知ります。

また、"自分は安心・自信・自由の三つの権利を持っているんだ""自分はかけがえのない存在なのだ"ということに気がつくことも多いです。

これによって、子ども自身が人権意識を持ち、自尊感情も高まります。ＣＡＰスペシャリストは、つねに子どもたちの意見に耳を傾け、子どもたちがほんらい持っている力を引き出すようなかかわり、すなわちエンパワメントしていきます。

そして、子どもワークショップの後、「トークタイム」という個別の復習時間を設けます。ここで、暴力に遭ったことを秘密にしなくていい、だれかに話していいということを、繰り返し伝えられた子どもたちは、日頃から、「怖いな」「いやだな」と思っていることを話してみようという気持ちになります。話してホッとしたり、ＣＡＰの場面を思い出しながら、ＣＡＰスタッフといっしょに何ができるか考えます。ワークショップとトークタイムを通して、子どもたちはエンパワメントされていきます。

おとな対象のワークショップでは、子どもワークショップの内容を紹介し、従来の防止法は行動規制型であり、暴力に遭わないための防止策でしたが、ＣＡＰプログラムのアプローチは暴力に遭いそうになった時や遭った時、何ができるかを考えるものであることを伝えます。そして、子どもたちが暴力に遭った時、子どもたちがほんらいの力を取り戻したり、自尊感情を育てるために、子どもの話に耳を傾け、子どもの話を信じ、子どもたちをエンパワーするおとなが子どもたちのまわりにたくさんいてほしいこと、暴力のない社会づくりのために、コミュニティーの連携がたいせつであることを伝えます。

3 ● 子ども虐待防止としてのCAP

前述のようにCAPプログラムは、「おとな」「子ども」それぞれのワークショップをおこなっていますが、それぞれの中で、虐待予防としての効果があります。

❶ 子どもワークショップ

子どもワークショップでは、子どもたちは、「安心・自信・自由」の気持ちでいられるかどうかで、暴力に対する一つの指標を得ることになります。「なんか変だな」「いやだな」と思ったとき、その気持ちを確認することができます。できるだけ早い段階で、子ども自身が暴力に気づくことができれば、だれかに話し、つぎの暴力を防止することができます。

就学前や小学校低学年の子どもたちは実施後、クラスの中で自分の物をだれかにとられたとき、「あっ、権利もとった」と、CAPをすぐに使用したやり取りをしていたと先生方から聞くことがよくあります。

また、トークタイムでは、まるで心の扉が開いたように今まで話していないことをCAPスペシャリストにはじめて話すことがあります。そして、話し合いを通して、解決の糸口が見つかることがあります。そのいくつかの例をご紹介します。

ある小学6年生の女子は、「母はずっとコタツで横になっているのに、家に帰るといつも自分が家事をさせられる」と話しました。そして自分で親に「自分ばかり家事をするのはいやだ、と言ってみたい」と言いました。ネグレクトが疑われたので、この子の了解を得て、先生方に彼女の置かれている状況を話し、学校内で支援体制をつくってほしいことをお願いしました。

またある小学２年生の女子の場合は、近隣に住む親類からの性暴力を打ち明け、本人の了解を得て、先生方に緊急の対応をお願いしました。

❷ 教職員向けワークショップ

　児童虐待防止法の改正にともない、学校の果たす役割は増しています。とは言っても、学校内で虐待への対応に関する研修をおこなう機会はまだ少ないようです。したがって、学校の先生方には、児童虐待の早期発見・早期対応の重要性を伝え、担任一人が抱えこまず、学校という組織で対応していくこと、その子どもと家族を支援していくことのたいせつさをとくに強く伝えています。また、前述のように、トークタイムなどで虐待の発見があった場合、子どもの了解を得て担任や管理職を交えて、今後の対応についてもいっしょに考えていきます。

❸ 保護者向けワークショップでは

　保護者向けのワークショップでは、暴力が連鎖すること、予防分野が重要であること、虐待の通告は支援の第一歩であることを啓発しています。ときには保護者自身、自らが被虐待者であることに気づき、それが自身の虐待の認知につながったということもあります。また、日常的なかかわりでも子どもへの見方や対応が変わってくるということも多いようです。

4●これからのＣＡＰ

　ＮＰＯ法人ＣＡＰセンター・ＪＡＰＡＮでは、「すべての子どもたちにＣＡＰを届ける」というスローガンのもと、今までＣＡＰプログラムをなかなか届けることができなかった、児童養護施設の子どもたちや障

がいのある子どもたちに、プログラムを届けるためプロジェクトを組み普及につとめています。

　すでに虐待を受けた子どもたちが多く生活する児童養護施設では、「安心・自信・自由の３つの権利があること」、「自分をたいせつにしていいこと」を伝えています。健常児の数倍も暴力や虐待を受けることの多い障がいのある子どもたちにも、伝え方の工夫に関する研修なども進め、すべての子どもにＣＡＰを届けるよう励んでいます。

　現在、各都道府県に一つ以上のＣＡＰグループができ、それぞれの場で活動しています。

2 ── 電話相談での対応

1 ● 電話相談（対応）の基礎

　高度に情報化された現代社会の中で、電話相談は一本の電話回線をはさんで、電話相談する者とそれを受ける者がマンツーマンで向き合うわけですから、いかにも非能率に思えます。

　しかし、現実には情報化が進めば進むほど、溢れる情報のなかでどの情報が自分に当てはまっているかを悩む人が現れます。その人々には情報化社会であるからこそ、電話相談は必要なのです。

　視点を変えれば、電話相談は情報化社会の申し子であり、情報化社会の中の弱者に向けた窓であると言えます。「女の長電話」とよく言われますが、これは従来から、どちらかと言えば男性より拘禁性の高い生活をしいられがちな女性と、電話という「窓」が結びついた結果と言えましょう。それらを十分に理解することが、電話相談員のスタートラインと言えるかも知れません。

❶ まずは心とからだの健康を

　電話相談は顔が見えず、多くの場合匿名性(とくめいせい)に支えられ、声だけが互いの個を現すという世界なのですが、その声が、相談員の心やからだの健康に大きく影響されることは覚悟しなければならないでしょう。

　しかし、長期に渡って相談員が、いつも心の平安を保てるとは思えませんし、一度も病気をしないというわけにもいきません。

　この解決には二つの方法があります。一つは相談員仲間を信頼し、相

互共生する姿勢でこれを支え合うこと。もう一つは、その「逆境」を自らよく受け入れ、この「逆境」こそが相談員としての願ってもない成長の場であると心得て、十分に病み悩むことから逃げないこと、そして仲間たちはしっかりとその相談員を支えることです。それがなければ相談員は長期に渡っては勤められない仕事となり、熟練した相談員はなかなか育たなくなってしまいます。

❷ 電話相談は複数構成員でおこなうもの

電話相談は、グループでしかおこなえないと断言できます。

昔、あるところに、たった一人で電話相談をはじめた男がいました。よい対応をしたらしく電話はひっきりなしに鳴ることになりましたが、そのために男は眠ることも、食べることも、排泄することも許されなくなりました。排泄はロングコードで（コードレス電話のない時代のこと）、食事は夫人の作る「一口おむすび」で免れましたが、睡眠だけはどうにもならず、ついにはこの電話相談を閉じることになりました。実話です。

電話相談はグループダイナミズムといったものに支えられるべき性質を持っています。この方のように、仲間を持たない電話相談は、病気をすることも旅することもできません。仲間と存在すること、仲間を信頼し尊敬することが、この仕事の基盤になります。

ほかのたいていの仕事は、管理職あるいは組織に、個人として評価されるので、評価に対する競争があります。

電話相談員にはその意味の競争はありません。電話相談員はグループとして評価を受けます。仲間のミスはグループ全体のマイナスになりますから、ミスを全員でフォローします。だれかがよい対応をすれば、それはグループ全体のよい評価になります。グループの構成員はこれを喜びこそすれ、人をやっかむ者はいないのが電話相談の現場です。

❸「主訴」について

「主訴は？」と、人はよく電話相談員に問います。そこで相談員は「主訴」を聴き出すことに躍起になることが多いのですが、私はあえて「あわてて主訴を聞き出そうとしたり、こっちでこれが主訴だと決めたりしようとしないで」と提言します。なぜなら、電話相談の場合、相談者自身がいったい何を訴えたいのかよくわかっていないことも少なくありません。ひょっとすると、電話相談とは相談者が相談員とのやり取りの中に、自分の主訴を探しに来るところだと言えるかもしれないのです。

❹「問いただす」より「問わず語り」を

相談員は、かなりの時間をかけて「ハイ、ハイ」「なるほど」「それで？」などと、価値観のない相づちを繰り返すことになるでしょう。なぜなら「問いただす」より、「問わず語り」の形のほうが主訴や本音は聞こえてくるからです。

しかし、いつまでもその繰り返しでは埒があきません。つぎには相談員から相談者に質問することで話をすすめる段階に入ります。

この段階でも聞き出し過ぎないことが重要です。ありふれた話ですが、いわゆる「北風」の問いより、「太陽」の問いのほうが効を奏します。

ここでよく問題になることは、北風と太陽の線引きです。何を尋ねてよいのか、何は尋ねるべきではないかがわからないという指摘です。私はその境界は歴然としていると思っています。相談員が何かを尋ねて、相談者に「なぜ、そんなことを聞くのか」と問い返され、即座にその目的や理由を答えることができ、相談者に納得してもらえた時はおそらく尋ねるべき問いであり、そうでない場合は尋ねるべき問いではなかったと考えるべきだと思っています。

❺ 電話相談に向く人、だれ？

　どんな人が相談員に向いているかとよく聞かれます。もし女たちの井戸端会議を立派な相互カウンセリング、ピュアカウンセリング[1]の場と考えれば、相談員はだれにでもできそうな仕事です。しかし、あえて付け加えさせていただくなら、ただ一つ、「知らないことは知らない」と言える「実力」は最低限要求されます。「知らない」と言える実力は知ったかぶりをしない実力です。つまり人は知っている分野を持っていて、それに自信が持っているから「知らない」と言えるのです。このタイプの人は「知らない」と答えた後、必ず学習して「知る人」になります。つまり自らの可能性と限界をよくわきまえている人なのです。

❻ 自己に対する内省を

　相談員が相談のテクニックを持ち、カウンセリングの技法なども学んでいるということはそれなりに意味のあることです。しかし、知識や技法は「鬼に金棒」のたとえで言えば、金棒に当たります。早い話、どんな立派な金棒があっても、要は金棒を扱う「鬼」の力量が問題です。相談員は金棒より先に自らの「鬼」を点検しなければなりません。
　たとえば、自分の成育歴を分析すること。たとえば結婚している人であれば、なぜ自分が結婚したのかについて徹底的に考えてみることです。すると人はたいてい自分がいかに狭く、あやふやであてにならないのか、必ずしも確かとは言えない社会通念や常識や思いこみに言われもなくすがりついてやっと立っていることに気づくことになるでしょう。この気づきなくして人の相談にのることはできません。ましてや虐待などという人生の危機に介入することは不可能でしょう。

第5章　子ども虐待を予防するために

2 ● 電話のことば

❶ 第一声が命

　電話相談は相談員の第一声ではじまります。たとえば、「○○１１０番です」とか、「△△相談室です」とかまず言うわけですが、この第一声には重大な使命があります。相談者は第一声を聞いてほとんど無意識に、この第一声の声とことばの持ち主が、自分の相談に値する人かをあらゆる意味で察知しようとします。したがって、相談員は自分の第一声に敏感であるべきです。自分の第一声を録音して聞くのも一策でしょう。第一声は日に何度も繰り返されるのですが、ことばの一つひとつにそのことばのイメージを正確に失わないことがたいせつです。
　第一声はこれからどんな話がはじまっても対応できるニュートラルなトーンの音調で工夫されなければなりません。

❷ わかりやすいことばで

　電話相談では、わかりやすいことばの持ち主が好まれます。標準的にわかりやすいというだけでなく、相談者の言語力にとってわかりやすいことばを選び出せる力が要求されます。これは生来の能力でもありますが、同時に日常的なトレーニングが必要でしょう。

❸「正しい日本語」で

　「正しい日本語」も要求されます。
　電話相談のなかには、重大な話や人には秘密にしたい話、辛く深刻な話もしばしば入ってきます。そんな時、敬語を使いそこねたり、文法の

破格[2]が無作法に使われたりすれば、ある時は相談者を絶望させるかもしれません。

「この程度の日本語しか話せない人に私の相談が聴けるのかしら」と。こんな点についても相談員は鈍感では困ります。

日本語の敬語は非常に難しいと言われています。また敬語は階級社会における差別の産物だという人もいます。しかし、現実には、敬語は礼儀や敬意ややさしさを表現しながら、平等な関係を創造するために今なお有効であると思われます。

日本語の敬語は一筋縄ではいきません。何しろていねいに「お」をつければ済むというわけにはいきません。たとえば、「行く」「食べる」に「お」をつけて、「お行きになる」「お食べになる」と話す方にお会いしますが、「行く」には「いらっしゃる」、「食べる」には「召し上がる」という日本語が別にあるといったぐあいです。敬語をマスターするのも、電話相談員としての精進すべきことの一つでしょう。

敬語を間違える無作法も心しなければならないことですが、もう一つ文法の破格、乱れに鈍感な相談はとがめられこそすれ、ほめられることはありません。

「来れる」「寝れる」「出れる」「食べれる」「見れる」をニュータイプとし、「来られる」「寝られる」「出られる」「食べられる」「見られる」をクラシックタイプと位置づけるには、まだ少し時間がかかるでしょう。テレビのインタビューで人がこの「ら抜き」と呼ばれる文法の破格で話をすると、画面の下辺に流されるスーパーインポーズは「ら抜き」を訂正したものになっている現在ですから、電話相談員の日本語のレベルがどのあたりに保たなければならないかは推して知るべしでしょう。問題なのは、じつは言語そのものではなく、自らの言語の質を厳しくただそうとしないその鈍感さが相談員の感度としては問われるような気がします。

これは通訳の仕事をしている方から聞いた話ですが、人の語り口には、

わかりやすく通訳しやすい人と、わかりにくく通訳しづらい人がいるそうです。"わかりにくさ"のポイントは、センテンスの長い語りと、話を文章の後で否定する語り口だそうです。

　私は「なるほど」とうなずきながら、ことばでものごとを表現し、やりとりする難しさを人としても、一電話相談員としてもしみじみと思い知らされたのでした。　　　　　　　　　　　　（安達　倭雅子）

　＜注＞
　1）同じ立場に立ったことのある方が、その立場の方にカウンセリングをすること。
　2）普通のきまりからはずれていること。

3 ──「産後うつ病」について

「ささいなことでも気になり、泣いたり、落ち込んだり、だれも責めてないのに、きちんとやれてないと責められている気がしたり、小さかったのは私のせいだと陰で言われたり、母乳でがんばれないのは母親失格だと思いこんで悩みました。子どもが泣くのを知っても知らんふりを何度かしてしまいました」

「旦那が、私を気づかって、掃除をしてくれたり、買い物してくれたりすることも、私がダメだからと否定的に考えてしまって抜け出せない……」

「食欲もなくて、眠れないし、何もする気もなれないし、結局子どもと二人でずっと家の中に閉じこもり、子どもといっしょに毎日泣いていた」

「『この子は病気！』『私がこの子を抱くと泣く』と思って悩む自分には、姑の『昔の人はもっと大変だった』『あなたがピリピリしているからよ』の言葉も傷ついた」

1 ●「産後うつ病」って？？

　産後うつ病は、産婦の 10〜15％に生じる心の変動の一つで、出産直後〜数ヶ月以内に発症するといわれています。「物事に対する悲観的感情」や「気分の落ち込み」「絶望感」「集中力の減退」「無気力」に加え、「不眠」「頭痛」「肩こり」「めまい」などの身体症状も含めて現れることが多いようです。また、子どもに対しては心配でたまらなくなったり、逆にまったく無関心になってしまうなど、要するに、今まであたりまえ

にできると思っていたことが、あたりまえにできなくなるという状況で、それは育児にも影響し、ときに身体的あるいは心理的虐待行為にまで発展してしまうこともあります。

「うつ病」の初期では、寝つきが悪い、夜中や早朝に目が覚めてしまうなどの睡眠障害や、食事をしてもおいしくない、味がしないなどの食欲低下、性欲低下、体重減少・増加、だるい、疲れやすい、頭がすっきりしないなどの症状を自覚しているようです。その症状が軽症であると、家族や周囲の人には理解しづらく、時には、「家事や育児を怠けている」と誤解されることもあります。これは母親にとっては、とても苦しく、辛いことですし、ますます状況を悪くすることになりかねません。そこで「うつ病」を早期に発見し、早期に対応するには、まず自分が「うつ」という状態や病気、出産との関連などを予備知識として持つことがたいせつです。最近は、母親学級や両親学級でも「産後のうつ」について取り上げ、早めの自覚と相談を呼びかける内容を盛り込む自治体も増えています。

さらに重症化すると、治療が必要になります。産後うつ病の重症化は、母親の自殺や親が子どもを殺しその後自身が自殺するといった親子間の無理心中に考えがいたることもあるので、「子育ては大変なのがあたり前」「疲れるのも普通」とあまり安易には考えないことがたいせつです。

2 Kさんのケースに学ぶ

幼少時の体験が妊娠・出産を機に母親の心に影響を及ぼした事例

Kの幼少期の記憶は、暗い部屋でお腹をすかせて夕飯を待たされた体験だった。両親の離婚と同時にKは高校を退学し家を出て、すぐアルバイトで知り合った男性と交際し中絶。その後、意欲減退や不眠で抗うつ剤の処方を受ける。22歳で飲み屋の仲間との間に第1子出産。妊娠中は、中絶を希望したり、取り消したりを繰り返し、出産もパニック状態であ

った。産後2日目からベッドから起きあがれず授乳も拒否し、不眠とイライラを助産師に打ち明けた。

　助産師は、うつ病の過去の経験を考慮し、退院に向けて本人と夫、保健センター保健師、産婦人科医、祖母で支援会議を開いた。そこでは、うつ病の理解と受診の必要性、退院後の家事は実母、買い物は夫、乳児の世話は母の希望で産褥ヘルパーの力を借りて乗り切ることを確認し、早めの保育所利用も視野に入れた。幸いに精神科クリニックへは抵抗なく、早めの受診ができた。具体的な育児環境に服薬の効果も重なり、産後の漠然とした不安は解消されて、少しずつ表情がよくなった。それでも既往を考えると一進一退の可能性が予測できるため、悪化防止に向けて保育所利用をすすめ、保健師と保育士は密に連絡できる環境をつくりながら、育児を支えている。

　上記の事例にあげたKさんは、幼少期の愛情を受けた充足感がなく、その淋しさが男性へのよりかかりを繰り返させました。その結果の妊娠であり、家族像が描けず、出産の決意をたびたび翻しました。しかし、産科の適切な判断で、早期の介入が可能になりました。

　産後うつは、思い切った早めの受診や対応が予防につながります。とくに周産期の介入は効果的で、家族調整もスムーズにいくことが比較的多いようです。ましてKさんのように、育った道筋で家族関係が影響している場合には、後手に回ると介入のチャンスを失い、状況が悪化することも考えられます。

　また、背景が複雑な場合には、回復のスピードはおだやかで、一進一退を繰り返すことも考えられます。焦らず、本人も周囲も長期戦覚悟で、保育所の利用など子育て支援サービスの活用を上手に受け入れていけると回復の道も開かれるでしょう。

3●産後うつ状態・産後うつ病への対応

　産後うつ状態・病への対応の基本は、①休養、②環境の調整、③精神療法、④薬物療法、という4本柱です。うつ状態でもうつ病でも基本的に育児負担軽減のための環境調整は不可欠です。環境調整とは、Kさんのように治療や休養に安心してのぞめる環境を具体的に整えることです。
　つぎにうつ病の場合は、抗うつ薬や睡眠薬服用などの薬物療法やカウンセリングなどを取り入れます。
　まず、夫やその他の家族の理解と協力を得ることが欠かせないので、本人や家族と話し合います。そこで、「うつ状態（病）」についての理解をうながします。「今は、トンネルの中だが、出口があること」「回復のために今は無理をしないこと」「周囲は励ましたりせず、ゆっくり見まもること」などを共有します。そして、ゆっくり無理をしないために、地域の母子保健サービスや家事援助サービス、一時保育制度などをうまく活用することをすすめます。この調整をするときに、母親が、育児や家事などから完全に解放されることは困難な場合が現実には多いのですが、周囲に「休むことが必要」と理解してもらえているだけでも、母親にはゆとりが出ます。
　また、うつ状態（病）の背景として家族の人間関係が絡んでいる場合は、環境調整が難しくなることがあります。時には、事の本質に沿ったカウンセリングなどが必要になることもあります。
　うつ状態とうつ病については、素人判断は危険ですので、気軽に精神科など専門医のアドバイスを受けることをおすすめします。
　精神科受診については、まず保健所などに相談し、状況に適した受診先を紹介してもらうこともできます。また、精神科やクリニックの敷居が高ければ、市保健センターや保健所などで定例日を設けて開催している「精神保健福祉相談」を利用することも可能です。

①自殺の危険や子どもを傷つけてしまう場合、②食欲不振や睡眠障害で衰弱している場合、③症状が重い場合、④家庭そのものがストレスの原因になっているような場合には、入院の必要性の判断も含めて早急な対応が必要です。

　産後うつ病の経験者は、2人目の出産経験で同じような状況になることも多く（約5割）、第2子出産をためらいがちになりますが、産科の主治医や精神科クリニックの医師などと予防的に妊娠中から対応することは可能です。

　産後うつ状態（病）は、周囲の適切な判断とやさしいまなざし、適切な対応があれば予後は決して悪くない病気です。

　あせらず、じっくり、どっしりと母親の心のかたわらに寄り添いながら対応し、母親の苦しい時期をともに乗り切りたいものです。

（中板　育美）

あとがき

　最初にこの本を出版した年から10年が過ぎてしまいました。この10年で子ども虐待に関するとりくみは、大きく前進してきました。
　前著の「あとがき」で「保育者・教師が虐待への対応能力をもつことで、虐待件数も大きく伸びていくことでしょう」と書きましたが、埼玉県内での児童相談所における児童相談受付件数は、全国的な統計を継続的にとりはじめた1990年度は58件、95年度では240件、2006年度においては2287件となっています。この15年間で約40倍に至りました。
　たしかに件数の増加という点では大きな前進をしてきましたが、経路別の通報件数をみますと、「学校」からは360件（全体に占める割合は15.7％）ですが、保育園が中心となる「児童福祉施設」では33件（1.4％）にすぎない状況です。この点も今後の課題として関係者が正面から受け止める必要があるのではないでしょうか。
　また県内の70市町村すべてで「要保護児童対策地域協議会」の設置がされたことも、行政や関係者の努力の成果であるといえます。さらに2005年3月には子ども虐待対応の強化を図るため、福祉部こども安全課と教育局の人権教育課が連携して「教職員・保育従事者のための児童虐待対応マニュアル」を作成したことも大きな前進でありました。
　しかし時代と社会が求めているとりくみからみれば充分であるとはいえないことも事実です。この15年間をみれば94年に「子どもの権利条約」を批准（国際条約をわが国の法律にすること）、2000年には「児童虐待防止法」の成立とその後に細かな改正も含めて8度の改正が行われてきましたが、県内の虐待死亡事例は全国的にみても少なくはありません。情報開示された2001年1月〜03年5月の2年4か月で虐待死亡事

例は11ケース12人に及びます。ただこうした数字は、関係者のとりくみによる発見率の高さの反映という面があることを見なければなりません。

　子ども虐待に関するとりくみの課題は山積しています。発見・介入・救済・治療・ネットワークの確立、家族との再統合、そして被虐待児が体得してしまった「暴力の文化」から「平和・共生の文化」に転換するとりくみなど、私たちの前には次々と課題が押し寄せています。こうした社会的要請に応えるためにも、ぜひ本書を読み広めていただきたいと願っています。

　虐待問題を学ぶことは、子どもと家族の事実・現実・真実を把握するとりくみであり、関係者のネットワークを強化する前提の作業であり、子どもをたいせつにする地域・自治体・国づくりのアクションの一歩でもあります。虐待で子どもたちが傷つき死ぬことのない社会をめざし、地道に一歩一歩すすめていきたいと思います。そうした子どもたちの無念を忘れることなく、今後とも努力を続けていきたいと胸に刻んでいます。

　本書が多くの関係者の手許に置かれ、活かされることを心より祈っております。

　最後になって恐縮ですが、ひとなる書房の名古屋龍司氏には、改訂の提案から編集までていねいな作業をすすめていただきました。心より感謝申し上げます。

　　　　　　　　　　　　　　　　　　　　　　編者　浅井　春夫

2008年6月

資料編

I　相談窓口・機関について

1　全国の子どもの虐待ホットライン

（電話・相談日時）

北海道　北海道子どもの虐待防止協会
　　　　011-281-2334　　毎週土曜日　13:00 ～ 17:00
宮城県　子ども虐待防止ネットワークみやぎ
　　　　022-265-8866　　毎週月・水・土曜日　10:00 ～ 16:00
茨城県　いばらき子どもの虐待防止ネットワーク"あい"
　　　　029-305-7670　　毎週土曜日　11:00 ～ 15:00
埼玉県　NPO法人　埼玉子どもを虐待から守る会
　　　　048-835-2699　　毎週月～金曜日　10:00 ～ 16:00
東京都　（社福）子どもの虐待防止センター
　　　　03-5300-2990　　平日 10:00 ～ 17:00　土曜日　10:00 ～ 15:00
神奈川県　NPO法人　子ども虐待ネグレクト防止ネットワーク
　　　　0463-90-2260　　毎週月・水・金曜日　10:00 ～ 13:00
石川県　子どもの虐待防止ネットワーク石川
　　　　076-296-3141　　毎週木・土曜日　10:00 ～ 16:00
長野県　ながの子どもを虐待から守る会
　　　　026-238-2888　　毎週火・木・土曜日　10:00 ～ 14:00
愛知県　NPO法人　子どもの虐待防止ネットワーク・あいち
　　　　052-232-0624　　毎週月～土曜日　10:00 ～ 16:00
兵庫県　阪神子どもの虐待防止ネットワーク　ほっと
　　　　0798-44-4150　　土曜日　10:00 ～ 16:00
広島県　子ども虐待ホットライン広島
　　　　082-246-6426　　毎週火・土曜日　10:00 ～ 15:00

香川県　NPO法人　子どもの虐待防止ネットワーク・かがわ
　　　　087-888-0182　　毎週火・木・土曜日　10:00〜14:00
福岡県　NPO法人　ふくおか子どもの虐待防止センター
　　　　092-832-3030　　毎週火・水・土曜日　10:00〜14:00
宮崎県　NPO法人　子ども虐待防止　みやざきの会
　　　　0985-85-4641　　毎週木曜日　19:00〜21:00

2　CAP全国センター

NPO法人　CAPセンター・JAPAN
センター開設時間：月〜金曜　10:30〜17:00
〒662-0825　兵庫県西宮市門戸荘17-34　スマイルヴィラ105
TEL：(0798)57-4121　FAX：(0798)57-4122
http://www.cap-j.net/
ホームページにアクセスすると、登録されている全国各地のグループの一覧がわかります。

3　弁護士会の無料相談機関

　日本弁護士連合会（日弁連）のホームページ（http://www.nichibenren.or.jp/）にアクセスし、「法律相談センター運営状況一覧」を開けると、全国の弁護士会の相談窓口の運営状況がわかります。
　（ホーム＞法律相談・公設事務所ガイド＞法律相談のご案内＞法律相談センター＞法律相談センター運営状況一覧でたどれます）

Ⅱ 児童虐待防止にかかわる法律

1 児童福祉法（抜粋）
2 児童虐待の防止等にする法律

児童福祉法（抄）

（昭和二十二年十二月十二日法律第百六十四号）

最終改正：平成一九年六月一日法律第七三号

第三節　実施機関

第十条　市町村は、この法律の施行に関し、次に掲げる業務を行わなければならない。
一　児童及び妊産婦の福祉に関し、必要な実情の把握に努めること。
二　児童及び妊産婦の福祉に関し、必要な情報の提供を行うこと。
三　児童及び妊産婦の福祉に関し、家庭その他からの相談に応じ、必要な調査及び指導を行うこと並びにこれらに付随する業務を行うこと。
2　市町村長は、前項第三号に掲げる業務のうち専門的な知識及び技術を必要とするものについては、児童相談所の技術的援助及び助言を求めなければならない。
3　市町村長は、第一項第三号に掲げる業務を行うに当たって、医学的、心理学的、教育学的、社会学的及び精神保健上の判定を必要とする場合には、児童相談所の判定を求めなければならない。
4　市町村は、この法律による事務を適切に行うために必要な体制の整備に努めるとともに、当該事務に従事する職員の人材の確保及び資質の向上のために必要な措置を講じなければならない。

第十一条　都道府県は、この法律の施行に関し、次に掲げる業務を行わなければならない。
一　前条第一項各号に掲げる市町村の業務の実施に関し、市町村相互間の連絡調整、市町村に対する情報の提供その他必要な援助を行うこと及びこれらに付随する業務を行うこと。
二　児童及び妊産婦の福祉に関し、主として次に掲げる業務を行うこと。
イ　各市町村の区域を超えた広域的な見地から、実情の把握に努めること。
ロ　児童に関する家庭その他からの相談のうち、専門的な知識及び技術を必要とするものに応ずること。
ハ　児童及びその家庭につき、必要な調査並びに医学的、心理学的、教育学的、社会学的及び精神保健上の判定を行うこと。
ニ　児童及びその保護者につき、ハの調査又は判定に基づいて必要な指導を行うこと。
ホ　児童の一時保護を行うこと。
2　都道府県知事は、市町村の前条第一項各号に掲げる業務の適切な実施を確保するため必要があると認めるときは、市町村に対し、必要な助言を行うことができる。
3　都道府県知事は、第一項又は前項の規定による都道府県の事務の全部又は一部を、その管理に属する行政庁に委任することができ

る。

第十四条 市町村長は、前条第三項に規定する事項に関し、児童福祉司に必要な状況の通報及び資料の提供並びに必要な援助を求めることができる。

2 児童福祉司は、その担当区域内における児童に関し、必要な事項につき、その担当区域を管轄する児童相談所長又は市町村長にその状況を通知し、併せて意見を述べなければならない。

第二款 子育て支援事業

第二十一条の八 市町村は、次条に規定する子育て支援事業に係る福祉サービスその他地域の実情に応じたきめ細かな福祉サービスが積極的に提供され、保護者が、その児童及び保護者の心身の状況、これらの者の置かれている環境その他の状況に応じて、当該児童を養育するために最も適切な支援が総合的に受けられるように、福祉サービスを提供する者又はこれに参画する者の活動の連携及び調整を図るようにすることその他の地域の実情に応じた体制の整備に努めなければならない。

第二十一条の九 市町村は児童の健全な育成に資するため、その区域内において、放課後児童健全育成事業及び子育て短期支援事業並びに次に掲げる事業であって主務省令で定めるもの（以下「子育て支援事業」という。）が着実に実施されるよう、必要な措置の実施に努めなければならない。

一 児童及びその保護者又はその他の者の居宅において保護者の児童の養育を支援する事業

二 保育所その他の施設において保護者の児童の養育を支援する事業

三 地域の児童の養育に関する各般の問題につき、保護者からの相談に応じ、必要な情報の提供及び助言を行う事業

第二十一条の十一 市町村は、子育て支援事業に関し必要な情報の提供を行うとともに、保護者から求めがあったときは、当該保護者の希望、その児童の養育の状況、当該児童に必要な支援の内容その他の事情を勘案し、当該保護者が最も適切な子育て支援事業の利用ができるよう、相談に応じ、必要な助言を行うものとする。

2 市町村は、前項の助言を受けた保護者から求めがあった場合には、必要に応じて、子育て支援事業の利用についてあっせん又は調整を行うとともに、子育て支援事業を行う者に対し、当該保護者の利用の要請を行うものとする。

3 市町村は、第一項の情報の提供、相談及び助言並びに前項のあっせん、調整及び要請の事務を当該市町村以外の者に委託することができる。

4 子育て支援事業を行う者は、前二項の規定により行われるあっせん、調整及び要請に対し、できる限り協力しなければならない。

第二十一条の十二 前条第三項の規定により行われる情報の提供、相談及び助言並びにあっせん、調整及び要請の事務（次条及び第二十一条の十四第一項において「調整等の事

務」という。）に従事する者又は従事していた者は、その事務に関して知り得た秘密を漏らしてはならない。

第二十三条 都道府県等は、それぞれその設置する福祉事務所の所管区域内における保護者が、配偶者のない女子又はこれに準ずる事情にある女子であって、その者の監護すべき児童の福祉に欠けるところがある場合において、その保護者から申込みがあったときは、その保護者及び児童を母子生活支援施設において保護しなければならない。ただし、やむを得ない事由があるときは、適当な施設への入所のあっせん、生活保護法（昭和二十五年法律第百四十四号）の適用等適切な保護を加えなければならない。

○2 前項に規定する保護者であって母子生活支援施設における保護の実施（以下「母子保護の実施」という。）を希望するものは、厚生労働省令の定めるところにより、入所を希望する母子生活支援施設その他厚生労働省令の定める事項を記載した申込書を都道府県等に提出しなければならない。この場合において、母子生活支援施設は、厚生労働省令の定めるところにより、当該保護者の依頼を受けて、当該申込書の提出を代わって行うことができる。

○3 都道府県等は、前項に規定する保護者が特別な事情により当該都道府県等の設置する福祉事務所の所管区域外の母子生活支援施設への入所を希望するときは、当該施設への入所について必要な連絡及び調整を図らなければならない。

○4 都道府県等は、第二十五条の七第二項第三号、第二十五条の八第三号又は第二十六条第一項第四号の規定による報告又は通知を受けた保護者及び児童について、必要があると認めるときは、その保護者に対し、母子保護の実施の申込みを勧奨しなければならない。

○5 都道府県等は、第一項に規定する保護者の母子生活支援施設の選択及び母子生活支援施設の適正な運営の確保に資するため、厚生労働省令の定めるところにより、母子生活支援施設の設置者、設備及び運営の状況その他の厚生労働省令の定める事項に関し情報の提供を行わなければならない。

第五節　要保護児童の保護措置等

第二十五条 要保護児童を発見した者は、これを市町村、都道府県の設置する福祉事務所若しくは児童相談所又は児童委員を介して市町村、都道府県の設置する福祉事務所若しくは児童相談所に通告しなければならない。ただし、罪を犯した満十四歳以上の児童については、この限りでない。

　この場合においては、これを家庭裁判所に通告しなければならない。

第二十五条の二 地方公共団体は、単独で又は共同して、要保護児童の適切な保護を図るため、関係機関、関係団体及び児童の福祉に関連する職務に従事する者その他の関係者（以下「関係機関等」という。）により構成される要保護児童対策地域協議会（以下「協議会」という。）を置くよう努めなければな

らない。
○2　協議会は、要保護児童及びその保護者（以下「要保護児童等」という。）に関する情報その他要保護児童の適切な保護を図るために必要な情報の交換を行うとともに、要保護児童等に対する支援の内容に関する協議を行うものとする。
○3　地方公共団体の長は、協議会を設置したときは、厚生労働省令で定めるところにより、その旨を公示しなければならない。
○4　協議会を設置した地方公共団体の長は、協議会を構成する関係機関等のうちから、一に限り要保護児童対策調整機関を指定する。
○5　要保護児童対策調整機関は、協議会に関する事務を総括するとともに、要保護児童等に対する支援が適切に実施されるよう、要保護児童等に対する支援の実施状況を的確に把握し、必要に応じて、児童相談所その他の関係機関等との連絡調整を行うものとする。
第二十五条の五　次の各号に掲げる協議会を構成する関係機関等の区分に従い、当該各号に定める者は、正当な理由がなく、協議会の職務に関して知り得た秘密を漏らしてはならない。
一　国又は地方公共団体の機関　当該機関の職員又は職員であった者
二　法人　当該法人の役員若しくは職員又はこれらの職にあった者
三　前二号に掲げる者以外の者　協議会を構成する者又はその職にあった者
第二十五条の六　市町村、都道府県の設置する福祉事務所又は児童相談所は、第二十五条の規定による通告を受けた場合において必要があると認めるときは、速やかに、当該児童の状況の把握を行うものとする。
第二十五条の七　市町村（次項に規定する町村を除く。）は、要保護児童等に対する支援の実施状況を的確に把握するものとし、第二十五条の規定による通告を受けた児童及び相談に応じた児童又はその保護者（以下「通告児童等」という。）について、必要があると認めたときは、次の各号のいずれかの措置を採らなければならない。
一　第二十七条の措置を要すると認める者並びに医学的、心理学的、教育学的、社会学的及び精神保健上の判定を要すると認める者は、これを児童相談所に送致すること。
二　通告児童等を当該市町村の設置する福祉事務所の知的障害者福祉法（昭和三十五年法律第三十七号）第九条第五項に規定する知的障害者福祉司（以下「知的障害者福祉司」という。）又は社会福祉主事に指導させること。
三　児童虐待の防止等に関する法律（平成十二年法律第八十二号）第八条の二第一項の規定による出頭の求め及び調査若しくは質問、第二十九条若しくは同法第九条第一項の規定による立入り及び調査若しくは質問又は第三十三条第一項若しくは第二項の規定による一時保護の実施が適当であると認める者は、これを都道府県知事又は児童相談所長に通知すること。
○2　福祉事務所を設置していない町村は、要保護児童等に対する支援の実施状況を的確に把握するものとし、通告児童等又は妊産婦

について、必要があると認めたときは、次の各号のいずれかの措置を採らなければならない。
一　第二十七条の措置を要すると認める者並びに医学的、心理学的、教育学的、社会学的及び精神保健上の判定を要すると認める者は、これを児童相談所に送致すること。
二　次条第二号の措置が適当であると認める者は、これを当該町村の属する都道府県の設置する福祉事務所に送致すること。
三　助産の実施又は母子保護の実施が適当であると認める者は、これをそれぞれその実施に係る都道府県知事に報告すること。
四　児童虐待の防止等に関する法律（平成十二年法律第八十二号）第八条の二第一項の規定による出頭の求め及び調査若しくは質問、第二十九条若しくは同法第九条第一項の規定による立入り及び調査若しくは質問又は第三十三条第一項若しくは第二項の規定による一時保護の実施が適当であると認める者は、これを都道府県知事又は児童相談所長に通知すること。

第二十六条　児童相談所長は、第二十五条の規定による通告を受けた児童、第二十五条の七第一項第一号若しくは第二項第一号、前条第一号又は少年法（昭和二十三年法律第百六十八号）第六条の六第一項若しくは第十八条第一項の規定による送致を受けた児童及び相談に応じた児童、その保護者又は妊産婦について、必要があると認めたときは、次の各号のいずれかの措置を採らなければならない。

一　次条の措置を要すると認める者は、これを都道府県知事に報告すること。
二　児童又はその保護者を児童福祉司若しくは児童委員に指導させ、又は都道府県以外の者の設置する児童家庭支援センター若しくは都道府県以外の障害者自立支援法第五条第十七項に規定する相談支援事業（次条第一項第二号及び第三十四条の六において「相談支援事業」という。）を行う者に指導を委託すること。
三　第二十五条の七第一項第二号又は前条第二号の措置が適当であると認める者は、これを福祉事務所に送致すること。
四　保育の実施等が適当であると認める者は、これをそれぞれその保育の実施等に係る都道府県又は市町村の長に報告し、又は通知すること。
五　第二十一条の六の規定による措置が適当であると認める者は、これをその措置に係る市町村の長に報告し、又は通知すること。

○2　前項第一号の規定による報告書には、児童の住所、氏名、年齢、履歴、性行、健康状態及び家庭環境、同号に規定する措置についての当該児童及びその保護者の意向その他児童の福祉増進に関し、参考となる事項を記載しなければならない。

第二十七条　都道府県は、前条第一項第一号の規定による報告又は少年法第十八条第二項の規定による送致のあった児童につき、次の各号のいずれかの措置を採らなければならない。
一　児童又はその保護者に訓戒を加え、又は

誓約書を提出させること。
二　児童又はその保護者を児童福祉司、知的障害者福祉司、社会福祉主事、児童委員若しくは当該都道府県の設置する児童家庭支援センター若しくは当該都道府県が行う相談支援事業に係る職員に指導させ、又は当該都道府県以外の者の設置する児童家庭支援センター若しくは当該都道府県以外の相談支援事業を行う者に指導を委託すること。
三　児童を里親に委託し、又は乳児院、児童養護施設、知的障害児施設、知的障害児通園施設、盲ろうあ児施設、肢体不自由児施設、重症心身障害児施設、情緒障害児短期治療施設若しくは児童自立支援施設に入所させること。
四　家庭裁判所の審判に付することが適当であると認める児童は、これを家庭裁判所に送致すること。
○2　都道府県は、第四十三条の三又は第四十三条の四に規定する児童については、前項第三号の措置に代えて、指定医療機関に対し、これらの児童を入院させて肢体不自由児施設又は重症心身障害児施設におけると同様な治療等を行うことを委託することができる。
○3　都道府県知事は、少年法第十八条第二項の規定による送致のあった児童につき、第一項の措置を採るにあたっては、家庭裁判所の決定による指示に従わなければならない。
○4　第一項第三号又は第二項の措置は、児童に親権を行う者（第四十七条第一項の規定により親権を行う児童福祉施設の長を除く。以下同じ。）又は未成年後見人があるときは、前項の場合を除いては、その親権を行う者又は未成年後見人の意に反して、これを採ることができない。
○5　都道府県知事は、第一項第二号若しくは第三号若しくは第二項の措置を解除し、停止し、又は他の措置に変更する場合には、児童相談所長の意見を聴かなければならない。
○6　都道府県知事は、政令の定めるところにより、第一項第一号から第三号までの措置（第三項の規定により採るもの及び第二十八条第一項第一号又は第二号ただし書の規定により採るものを除く。）若しくは第二項の措置を採る場合又は第一項第二号若しくは第三号若しくは第二項の措置を解除し、停止し、若しくは他の措置に変更する場合には、都道府県児童福祉審議会の意見を聴かなければならない。
○7　都道府県は、義務教育を終了した児童であって、第一項第三号に規定する措置のうち政令で定めるものを解除されたものその他政令で定めるものについて、当該児童の自立を図るため、政令で定める基準に従い、これらの者が共同生活を営むべき住居において相談その他の日常生活上の援助及び生活指導並びに就業の支援を行い、又は当該都道府県以外の者に当該住居において当該日常生活上の援助及び生活指導並びに就業の支援を行うことを委託する措置を採ることができる。

第二十八条　保護者が、その児童を虐待し、著しくその監護を怠り、その他保護者に監護させることが著しく当該児童の福祉を害する場合において、第二十七条第一項第三号の措

置を採ることが児童の親権を行う者又は未成年後見人の意に反するときは、都道府県は、次の各号の措置を採ることができる。

一　保護者が親権を行う者又は未成年後見人であるときは、家庭裁判所の承認を得て、第二十七条第一項第三号の措置を採ること。

二　保護者が親権を行う者又は未成年後見人でないときは、その児童を親権を行う者又は未成年後見人に引き渡すこと。ただし、その児童を親権を行う者又は未成年後見人に引き渡すことが児童の福祉のため不適当であると認めるときは、家庭裁判所の承認を得て、第二十七条第一項第三号の措置を採ること。

○2　前項第一号及び第二号ただし書の規定による措置の期間は、当該措置を開始した日から二年を超えてはならない。ただし、当該措置に係る保護者に対する指導措置（第二十七条第一項第二号の措置をいう。以下この条において同じ。）の効果等に照らし、当該措置を継続しなければ保護者がその児童を虐待し、著しくその監護を怠り、その他著しく当該児童の福祉を害するおそれがあると認めるときは、都道府県は、家庭裁判所の承認を得て、当該期間を更新することができる。

○3　第一項及び前項の承認（以下「措置に関する承認」という。）は、家事審判法の適用に関しては、これを同法第九条第一項甲類に掲げる事項とみなす。

○4　都道府県は、第二項の規定による更新に係る承認の申立てをした場合において、やむを得ない事情があるときは、当該措置の期間が満了した後も、当該申立てに対する審判が確定するまでの間、引き続き当該措置を採ることができる。ただし、当該申立てを却下する審判があった場合は、当該審判の結果を考慮してもなお当該措置を採る必要があると認めるときに限る。

○5　家庭裁判所は、措置に関する承認の申立てがあった場合は、都道府県に対し、期限を定めて、当該申立てに係る保護者に対する指導措置に関し報告及び意見を求め、又は当該申立てに係る児童及びその保護者に関する必要な資料の提出を求めることができる。

○6　家庭裁判所は、措置に関する承認の審判をする場合において、当該措置の終了後の家庭その他の環境の調整を行うため当該保護者に対し指導措置を採ることが相当であると認めるときは、当該保護者に対し、指導措置を採るべき旨を都道府県に勧告することができる。

第二十九条　都道府県知事は、前条の規定による措置をとるため、必要があると認めるときは、児童委員又は児童の福祉に関する事務に従事する職員をして、児童の住所若しくは居所又は児童の従業する場所に立ち入り、必要な調査又は質問をさせることができる。この場合においては、その身分を証明する証票を携帯させ、関係者の請求があったときは、これを提示させなければならない。

第三十三条　児童相談所長は、必要があると認めるときは、第二十六条第一項の措置をとるに至るまで、児童に一時保護を加え、又は適当な者に委託して、一時保護を加えさせることができる。

○2　都道府県知事は、必要があると認めるときは、第二十七条第一項又は第二項の措置をとるに至るまで、児童相談所長をして、児童に一時保護を加えさせ、又は適当な者に、一時保護を加えることを委託させることができる。

○3　前二項の規定による一時保護の期間は、当該一時保護を開始した日から二月を超えてはならない。

○4　前項の規定にかかわらず、児童相談所長又は都道府県知事は、必要があると認めるときは、引き続き第一項又は第二項の規定による一時保護を行うことができる。

第三十三条の六　児童又は児童以外の満二十歳に満たない者（次条及び第三十三条の八において「児童等」という。）の親権者が、その親権を濫用し、又は著しく不行跡であるときは、民法第八百三十四条の規定による親権喪失の宣告の請求は、同条に定める者のほか、児童相談所長も、これを行うことができる。

第三十三条の七　児童相談所長は、親権を行う者及び未成年後見人のない児童等について、その福祉のため必要があるときは、家庭裁判所に対し未成年後見人の選任を請求しなければならない。

○2　児童相談所長は、前項の規定による未成年後見人の選任の請求に係る児童等（児童福祉施設に入所中の児童を除く。）に対し、親権を行う者又は未成年後見人があるに至るまでの間、親権を行う。ただし、民法七百九十七条の規定による縁組の承諾をするには、厚生労働省令の定めるところにより、都道府県知事の許可を得なければならない。

第三十三条の八　児童等の未成年後見人に、不正な行為、著しい不行跡その他後見の任務に適しない事由があるときは、民法第八百四十六条の規定による未成年後見人の解任の請求は、同条に定める者のほか、児童相談所長も、これを行うことができる。

第六章　罰則

第六十条　第三十四条第一項第六号の規定に違反した者は、十年以下の懲役若しくは三百万円以下の罰金に処し、又はこれを併科する。

○2　第三十四条第一項第一号から第五号まで又は第七号から第九号までの規定に違反した者は、三年以下の懲役若しくは百万円以下の罰金に処し、又はこれを併科する。

○3　第三十四条第二項の規定に違反した者は、一年以下の懲役又は五十万円以下の罰金に処する。

○4　児童を使用する者は、児童の年齢を知らないことを理由として、前三項の規定による処罰を免れることができない。ただし、過失のないときは、この限りでない。

○5　法人の代表者又は法人若しくは人の代理人、使用人その他の従業者が、その法人又は人の業務に関して、第一項から第三項までの違反行為をしたときは、行為者を罰するほか、その法人又は人に対しても、当該各項の罰金刑を科する。

○6　第二項（第三十四条第一項第七号及び

第九号の規定に違反した者に係る部分に限る。）の罪は、刑法第四条のこの例に従う。

第六十一条　児童相談所において、相談、調査及び判定に従事した者が、正当な理由なく、その職務上取り扱ったことについて知得した人の秘密を漏らしたときは、これを一年以下の懲役又は五十万円以下の罰金に処する。

第六十一条の五　正当な理由がないのに、第二十九条の規定による児童委員若しくは児童の福祉に関する事務に従事する職員の職務の執行を拒み、妨げ、若しくは忌避し、又はその質問に対して答弁をせず、若しくは虚偽の答弁をし、若しくは児童に答弁をさせず、若しくは虚偽の答弁をさせた者は、五十万円以下の罰金に処する。

附則（平成一九年六月一日法律第七三号）抄
（施行期日）

児童虐待の防止等に関する法律

（平成十二年五月二十四日法律第八十二号）
最終改正：平成一九年六月一日法律第七三号

（目的）
第一条　この法律は、児童虐待が児童の人権を著しく侵害し、その心身の成長及び人格の形成に重大な影響を与えるとともに、我が国における将来の世代の育成にも懸念を及ぼすことにかんがみ、児童に対する虐待の禁止、児童虐待の予防及び早期発見その他の児童虐待の防止に関する国及び地方公共団体の責務、児童虐待を受けた児童の保護及び自立の支援のための措置等を定めることにより、児童虐待の防止等に関する施策を促進し、もって児童の権利利益の擁護に資することを目的とする。

（児童虐待の定義）
第二条　この法律において、「児童虐待」とは、保護者（親権を行う者、未成年後見人その他の者で、児童を現に監護するものをいう。以下同じ。）がその監護する児童（十八歳に満たない者をいう。以下同じ。）について行う次に掲げる行為をいう。

一　児童の身体に外傷が生じ、又は生じるおそれのある暴行を加えること。

二　児童にわいせつな行為をすること又は児童をしてわいせつな行為をさせること。

三　児童の心身の正常な発達を妨げるような著しい減食又は長時間の放置、保護者以外の同居人による前二号又は次号に掲げる行為と同様の行為の放置その他の保護者としての監護を著しく怠ること。

四　児童に対する著しい暴言又は著しく拒絶的な対応、児童が同居する家庭における配偶者に対する暴力（配偶者（婚姻の届出をしていないが、事実上婚姻関係と同様の事情にある者を含む。）の身体に対する不法な攻撃であって生命又は身体に危害を及ぼすもの及びこれに準ずる心身に有害な影響を及ぼす言動をいう。）その他の児童に著しい心理的外傷を与える言動を行うこと。

（児童に対する虐待の禁止）
第三条　何人も、児童に対し、虐待をしては

ならない。

(国及び地方公共団体の責務等)
第四条 国及び地方公共団体は、児童虐待の予防及び早期発見、迅速かつ適切な児童虐待を受けた児童の保護及び自立の支援(児童虐待を受けた後十八歳となった者に対する自立の支援を含む。第三項及び次条第二項において同じ。)並びに児童虐待を行った保護者に対する親子の再統合の促進への配慮その他の児童虐待を受けた児童が良好な家庭的環境で生活するために必要な配慮をした適切な指導及び支援を行うため、関係省庁相互間その他関係機関及び民間団体の間の連携の強化、民間団体の支援、医療の提供体制の整備その他児童虐待の防止等のために必要な体制の整備に努めなければならない。

2 国及び地方公共団体は、児童相談所等関係機関の職員及び学校の教職員、児童福祉施設の職員、医師、保健師、弁護士その他児童の福祉に職務上関係のある者が児童虐待を早期に発見し、その他児童虐待の防止に寄与することができるよう、研修等必要な措置を講ずるものとする。

3 国及び地方公共団体は、児童虐待を受けた児童の保護及び自立の支援を専門的知識に基づき適切に行うことができるよう、児童相談所等関係機関の職員、学校の教職員、児童福祉施設の職員その他児童虐待を受けた児童の保護及び自立の支援の職務に携わる者の人材の確保及び資質の向上を図るため、研修等必要な措置を講ずるものとする。

4 国及び地方公共団体は、児童虐待の防止に資するため、児童の人権、児童虐待が児童に及ぼす影響、児童虐待に係る通告義務等について必要な広報その他の啓発活動に努めなければならない。

5 国及び地方公共団体は、児童虐待を受けた児童がその心身に著しく重大な被害を受けた事例の分析を行うとともに、児童虐待の予防及び早期発見のための方策、児童虐待を受けた児童のケア並びに児童虐待を行った保護者の指導及び支援のあり方、学校の教職員及び児童福祉施設の職員が児童虐待の防止に果たすべき役割その他児童虐待の防止等のために必要な事項についての調査研究及び検証を行うものとする。

6 児童の親権を行う者は、児童を心身ともに健やかに育成することについて第一義的責任を有するものであって、親権を行うに当たっては、できる限り児童の利益を尊重するよう努めなければならない。

7 何人も、児童の健全な成長のために、良好な家庭的環境及び近隣社会の連帯が求められていることに留意しなければならない。

(児童虐待の早期発見等)
第五条 学校、児童福祉施設、病院その他児童の福祉に業務上関係のある団体及び学校の教職員、児童福祉施設の職員、医師、保健師、弁護士その他児童の福祉に職務上関係のある者は、児童虐待を発見しやすい立場にあることを自覚し、児童虐待の早期発見に努めなければならない。

2 前項に規定する者は、児童虐待の予防その他の児童虐待の防止並びに児童虐待を受け

た児童の保護及び自立の支援に関する国及び地方公共団体の施策に協力するよう努めなければならない。
3　学校及び児童福祉施設は、児童及び保護者に対して、児童虐待の防止のための教育又は啓発に努めなければならない。

　（児童虐待に係る通告）
第六条　児童虐待を受けたと思われる児童を発見した者は、速やかに、これを市町村、都道府県の設置する福祉事務所若しくは児童相談所又は児童委員を介して市町村、都道府県の設置する福祉事務所若しくは児童相談所に通告しなければならない。
2　前項の規定による通告は、児童福祉法（昭和二十二年法律第百六十四号）第二十五条の規定による通告とみなして、同法の規定を適用する。
3　刑法（明治四十年法律第四十五号）の秘密漏示罪の規定その他の守秘義務に関する法律の規定は、第一項の規定による通告をする義務の遵守を妨げるものと解釈してはならない。

第七条　市町村、都道府県の設置する福祉事務所又は児童相談所が前条第一項の規定による通告を受けた場合においては、当該通告を受けた市町村、都道府県の設置する福祉事務所又は児童相談所の所長、所員その他の職員及び当該通告を仲介した児童委員は、その職務上知り得た事項であって当該通告をした者を特定させるものを漏らしてはならない。

　（通告又は送致を受けた場合の措置）
第八条　市町村又は都道府県の設置する福祉事務所が第六条第一項の規定による通告を受けたときは、市町村又は福祉事務所の長は、必要に応じ近隣住民、学校の教職員、児童福祉施設の職員その他の者の協力を得つつ、当該児童との面会その他の当該児童の安全の確認を行うための措置を講ずるとともに、必要に応じ次に掲げる措置を採るものとする。
　一　児童福祉法第二十五条の七第一項第一号若しくは第二項第一号又は第二十五条の八第一号の規定により当該児童を児童相談所に送致すること。
　二　当該児童のうち次条第一項の規定による出頭の求め及び調査若しくは質問、第九条第一項の規定による立入り及び調査若しくは質問又は児童福祉法第三十三条第一項若しくは第二項の規定による一時保護の実施が適当であると認めるものを都道府県知事又は児童相談所長へ通知すること。
2　児童相談所が第六条第一項の規定による通告又は児童福祉法第二十五条の七第一項第一号若しくは第二項第一号又は第二十五条の八第一号の規定による送致を受けたときは、児童相談所長は、必要に応じ近隣住民、学校の教職員、児童福祉施設の職員その他の者の協力を得つつ、当該児童との面会その他の当該児童の安全の確認を行うための措置を講ずるとともに、必要に応じ同法第三十三条第一項の規定による一時保護を行うものとする。
3　前二項の児童の安全の確認を行うための措置、児童相談所への送致又は一時保護を行う者は、速やかにこれを行うものとする。

　（出頭要求等）

第八条の二　都道府県知事は、児童虐待が行われているおそれがあると認めるときは、当該児童の保護者に対し、当該児童を同伴して出頭することを求め、児童委員又は児童の福祉に関する事務に従事する職員をして、必要な調査又は質問をさせることができる。この場合においては、その身分を証明する証票を携帯させ、関係者の請求があったときは、これを提示させなければならない。

2　都道府県知事は、前項の規定により当該児童の保護者の出頭を求めようとするときは、厚生労働省令で定めるところにより、当該保護者に対し、出頭を求める理由となった事実の内容、出頭を求める日時及び場所、同伴すべき児童の氏名その他必要な事項を記載した書面により告知しなければならない。

3　都道府県知事は、第一項の保護者が同項の規定による出頭の求めに応じない場合は、次条第一項の規定による児童委員又は児童の福祉に関する事務に従事する職員の立入り及び調査又は質問その他の必要な措置を講ずるものとする。

（立入調査等）

第九条　都道府県知事は、児童虐待が行われているおそれがあると認めるときは、児童委員又は児童の福祉に関する事務に従事する職員をして、児童の住所又は居所に立ち入り、必要な調査又は質問をさせることができる。この場合においては、その身分を証明する証票を携帯させ、関係者の請求があったときは、これを提示させなければならない。

2　前項の規定による児童委員又は児童の福祉に関する事務に従事する職員の立入り及び調査又は質問は、児童福祉法第二十九条の規定による児童委員又は児童の福祉に関する事務に従事する職員の立入り及び調査又は質問とみなして、同法第六十一条の五の規定を適用する。

（再出頭要求等）

第九条の二　都道府県知事は、第八条の二第一項の保護者又は前条第一項の児童の保護者が正当な理由なく同項の規定による児童委員又は児童の福祉に関する事務に従事する職員の立入り又は調査を拒み、妨げ、又は忌避した場合において、児童虐待が行われているおそれがあると認めるときは、当該保護者に対し、当該児童を同伴して出頭することを求め、児童委員又は児童の福祉に関する事務に従事する職員をして、必要な調査又は質問をさせることができる。この場合においては、その身分を証明する証票を携帯させ、関係者の請求があったときは、これを提示させなければならない。

2　第八条の二第二項の規定は、前項の規定による出頭の求めについて準用する。

（臨検、捜索等）

第九条の三　都道府県知事は、第八条の二第一項の保護者又は第九条第一項の児童の保護者が前条第一項の規定による出頭の求めに応じない場合において、児童虐待が行われている疑いがあるときは、当該児童の安全の確認を行い又はその安全を確保するため、児童の福祉に関する事務に従事する職員をして、当該児童の住所又は居所の所在地を管轄する地

方裁判所、家庭裁判所又は簡易裁判所の裁判官があらかじめ発する許可状により、当該児童の住所若しくは居所に臨検させ、又は当該児童を捜索させることができる。

2　都道府県知事は、前項の規定による臨検又は捜索をさせるときは、児童の福祉に関する事務に従事する職員をして、必要な調査又は質問をさせることができる。

　3　都道府県知事は、第一項の許可状（以下「許可状」という。）を請求する場合においては、児童虐待が行われている疑いがあると認められる資料、臨検させようとする住所又は居所に当該児童が現在すると認められる資料並びに当該児童の保護者が第九条第一項の規定による立入り又は調査を拒み、妨げ、又は忌避したこと及び前条第一項の規定による出頭の求めに応じなかったことを証する資料を提出しなければならない。

　4　前項の請求があった場合においては、地方裁判所、家庭裁判所又は簡易裁判所の裁判官は、臨検すべき場所又は捜索すべき児童の氏名並びに有効期間、その期間経過後は執行に着手することができずこれを返還しなければならない旨、交付の年月日及び裁判所名を記載し、自己の記名押印した許可状を都道府県知事に交付しなければならない。

5　都道府県知事は、許可状を児童の福祉に関する事務に従事する職員に交付して、第一項の規定による臨検又は捜索をさせるものとする。

6　第一項の規定による臨検又は捜索に係る制度は、児童虐待が保護者がその監護する児童に対して行うものであるために他人から認知されること及び児童がその被害から自ら逃れることが困難である等の特別の事情から児童の生命又は身体に重大な危険を生じさせるおそれがあることにかんがみ特に設けられたものであることを十分に踏まえた上で、適切に運用されなければならない。

（臨検又は捜索の夜間執行の制限）

第九条の四　前条第一項の規定による臨検又は捜索は、許可状に夜間でもすることができる旨の記載がなければ、日没から日の出までの間には、してはならない。

2　日没前に開始した前条第一項の規定による臨検又は捜索は、必要があると認めるときは、日没後まで継続することができる。

（許可状の提示）

第九条の五　第九条の三第一項の規定による臨検又は捜索の許可状は、これらの処分を受ける者に提示しなければならない。

（身分の証明）

第九条の六　児童の福祉に関する事務に従事する職員は、第九条の三第一項の規定による臨検若しくは捜索又は同条第二項の規定による調査若しくは質問（以下「臨検等」という。）をするときは、その身分を示す証票を携帯し、関係者の請求があったときは、これを提示しなければならない。

（臨検又は捜索に際しての必要な処分）

第九条の七　児童の福祉に関する事務に従事する職員は、第九条の三第一項の規定による臨検又は捜索をするに当たって必要があるときは、錠をはずし、その他必要な処分をする

ことができる。

(臨検等をする間の出入りの禁止)
第九条の八　児童の福祉に関する事務に従事する職員は、臨検等をする間は、何人に対しても、許可を受けないでその場所に出入りすることを禁止することができる。

(責任者等の立会い)
第九条の九　児童の福祉に関する事務に従事する職員は、第九条の三第一項の規定による臨検又は捜索をするときは、当該児童の住所若しくは居所の所有者若しくは管理者(これらの者の代表者、代理人その他これらの者に代わるべき者を含む。)又は同居の親族で成年に達した者を立ち会わせなければならない。
2　前項の場合において、同項に規定する者を立ち会わせることができないときは、その隣人で成年に達した者又はその地の地方公共団体の職員を立ち会わせなければならない。

(警察署長に対する援助要請等)
第十条　児童相談所長は、第八条第二項の児童の安全の確認又は一時保護を行おうとする場合において、これらの職務の執行に際し必要があると認めるときは、当該児童の住所又は居所の所在地を管轄する警察署長に対し援助を求めることができる。都道府県知事が、第九条第一項の規定による立入り及び調査若しくは質問をさせ、又は臨検等をさせようとする場合についても、同様とする。
2　児童相談所長又は都道府県知事は、児童の安全の確認及び安全の確保に万全を期する観点から、必要に応じ迅速かつ適切に、前項の規定により警察署長に対し援助を求めなければならない。
3　警察署長は、第一項の規定による援助の求めを受けた場合において、児童の生命又は身体の安全を確認し、又は確保するため必要と認めるときは、速やかに、所属の警察官に、同項の職務の執行を援助するために必要な警察官職務執行法(昭和二十三年法律第百三十六号)その他の法令の定めるところによる措置を講じさせるよう努めなければならない。

(調書)
第十条の二　児童の福祉に関する事務に従事する職員は、第九条の三第一項の規定による臨検又は捜索をしたときは、これらの処分をした年月日及びその結果を記載した調書を作成し、立会人に示し、当該立会人とともにこれに署名押印しなければならない。ただし、立会人が署名押印をせず、又は署名押印することができないときは、その旨を付記すれば足りる。

(都道府県知事への報告)
第十条の三　児童の福祉に関する事務に従事する職員は、臨検等を終えたときは、その結果を都道府県知事に報告しなければならない。

(行政手続法の適用除外)
第十条の四　臨検等に係る処分については、行政手続法(平成五年法律第八十八号)第三章の規定は、適用しない。

(不服申立ての制限)
第十条の五　臨検等に係る処分については、行政不服審査法(昭和三十七年法律第百六十号)による不服申立てをすることができない。

(行政事件訴訟の制限)
第十条の六　臨検等に係る処分については、行政事件訴訟法（昭和三十七年法律第百三十九号）第三十七条の四の規定による差止めの訴えを提起することができない。
　(児童虐待を行った保護者に対する指導等)
第十一条　児童虐待を行った保護者について児童福祉法第二十七条第一項第二号の規定により行われる指導は、親子の再統合への配慮その他の児童虐待を受けた児童が良好な家庭的環境で生活するために必要な配慮の下に適切に行われなければならない。
2　児童虐待を行った保護者について児童福祉法第二十七条第一項第二号の措置が採られた場合においては、当該保護者は、同号の指導を受けなければならない。
3　前項の場合において保護者が同項の指導を受けないときは、都道府県知事は、当該保護者に対し、同項の指導を受けるよう勧告することができる。
4　都道府県知事は、前項の規定による勧告を受けた保護者が当該勧告に従わない場合において必要があると認めるときは、児童福祉法第三十三条第二項の規定により児童相談所長をして児童虐待を受けた児童に一時保護を加えさせ又は適当な者に一時保護を加えることを委託させ、同法第二十七条第一項第三号又は第二十八条第一項の規定による措置を採る等の必要な措置を講ずるものとする。
5　児童相談所長は、第三項の規定による勧告を受けた保護者が当該勧告に従わず、その監護する児童に対し親権を行わせることが著しく当該児童の福祉を害する場合には、必要に応じて、適切に、児童福祉法第三十三条の六の規定による請求を行うものとする。
　(面会等の制限等)
第十二条　児童虐待を受けた児童について児童福祉法第二十七条第一項第三号の措置（以下「施設入所等の措置」という。）が採られ、又は同法第三十三条第一項若しくは第二項の規定による一時保護が行われた場合において、児童虐待の防止及び児童虐待を受けた児童の保護のため必要があると認めるときは、児童相談所長及び当該児童について施設入所等の措置が採られている場合におけ
る当該施設入所等の措置に係る同号に規定する施設の長は、厚生労働省令で定めるところにより、当該児童虐待を行った保護者について、次に掲げる行為の全部又は一部を制限することができる。
一　当該児童との面会
二　当該児童との通信
2　前項の施設の長は、同項の規定による制限を行った場合又は行わなくなった場合は、その旨を児童相談所長に通知するものとする。
3　児童虐待を受けた児童について施設入所等の措置（児童福祉法第二十八条の規定によるものに限る。）が採られ、又は同法第三十三条第一項若しくは第二項の規定による一時保護が行われた場合において、当該児童虐待を行った保護者に対し当該児童の住所又は居所を明らかにしたとすれば、当該保護者が当該児童を連れ戻すおそれがある等再び児童虐待が行われるおそれがあり、又は当該児

童の保護に支障をきたすと認めるときは、児童相談所長は、当該保護者に対し、当該児童の住所又は居所を明らかにしないものとする。

第十二条の二 児童虐待を受けた児童について施設入所等の措置（児童福祉法第二十八条の規定によるものを除く。以下この項において同じ。）が採られた場合において、当該児童虐待を行った保護者に当該児童を引き渡した場合には再び児童虐待が行われるおそれがあると認められるにもかかわらず、当該保護者が当該児童の引渡しを求めること、当該保護者が前条第一項の規定による制限に従わないことその他の事情から当該児童について当該施設入所等の措置を採ることが当該保護者の意に反し、これを継続することが困難であると認めるときは、児童相談所長は、次項の報告を行うに至るまで、同法第三十三条第一項の規定により当該児童に一時保護を行うことができる。

2　児童相談所長は、前項の一時保護を行った場合には、速やかに、児童福祉法第二十六条第一項第一号の規定に基づき、同法第二十八条の規定による施設入所等の措置を要する旨を都道府県知事に報告しなければならない。

第十二条の三　児童相談所長は、児童福祉法第三十三条第一項の規定により児童虐待を受けた児童について一時保護を行っている場合（前条第一項の一時保護を行っている場合を除く。）において、当該児童について施設入所等の措置を要すると認めるときであって、当該児童虐待を行った保護者に当該児童を引き渡した場合には再び児童虐待が行われるおそれがあると認められるにもかかわらず、当該保護者が当該児童の引渡しを求めること、当該保護者が第十二条第一項の規定による制限に従わないことその他の事情から当該児童について施設入所等の措置を採ることが当該保護者の意に反すると認めるときは、速やかに、同法第二十六条第一項第一号の規定に基づき、同法第二十八条の規定による施設入所等の措置を要する旨を都道府県知事に報告しなければならない。

第十二条の四　都道府県知事は、児童虐待を受けた児童について施設入所等の措置（児童福祉法第二十八条の規定によるものに限る。）が採られ、かつ、第十二条第一項の規定により、当該児童虐待を行った保護者について、同項各号に掲げる行為の全部が制限されている場合において、児童虐待の防止及び児童虐待を受けた児童の保護のため特に必要があると認めるときは、厚生労働省令で定めるところにより、六月を超えない期間を定めて、当該保護者に対し、当該児童の住所若しくは居所、就学する学校その他の場所において当該児童の身辺につきまとい、又は当該児童の住所若しくは居所、就学する学校その他その通常所在する場所（通学路その他の当該児童が日常生活又は社会生活を営むために通常移動する経路を含む。）の付近をはいかいしてはならないことを命ずることができる。

2　都道府県知事は、前項に規定する場合において、引き続き児童虐待の防止及び児童虐待を受けた児童の保護のため特に必要がある

と認めるときは、六月を超えない期間を定めて、同項の規定による命令に係る期間を更新することができる。

3　都道府県知事は、第一項の規定による命令をしようとするとき（前項の規定により第一項の規定による命令に係る期間を更新しようとするときを含む。）は、行政手続法第十三条第一項の規定による意見陳述のための手続の区分にかかわらず、聴聞を行わなければならない。

4　第一項の規定による命令をするとき（第二項の規定により第一項の規定による命令に係る期間を更新するときを含む。）は、厚生労働省令で定める事項を記載した命令書を交付しなければならない。

5　第一項の規定による命令が発せられた後に児童福祉法第二十八条の規定による施設入所等の措置が解除され、停止され、若しくは他の措置に変更された場合又は第十二条第一項の規定による制限の全部又は一部が行われなくなった場合は、当該命令は、その効力を失う。同法第二十八条第四項の規定により引き続き施設入所等の措置が採られている場合において、第一項の規定による命令が発せられたときであって、当該命令に係る期間が経過する前に同条第二項の規定による当該施設入所等の措置の期間の更新に係る承認の申立てに対する審判が確定したときも、同様とする。

6　都道府県知事は、第一項の規定による命令をした場合において、その必要がなくなったと認めるときは、厚生労働省令で定めるところにより、その命令を取り消さなければならない。

（施設入所等の措置の解除）

第十三条　都道府県知事は、児童虐待を受けた児童について施設入所等の措置が採られ、及び当該児童の保護者について児童福祉法第二十七条第一項第二号の措置が採られた場合において、当該児童について採られた施設入所等の措置を解除しようとするときは、当該児童の保護者について同号の指導を行うこととされた児童福祉司等の意見を聴くとともに、当該児童の保護者に対し採られた当該指導の効果、当該児童に対し再び児童虐待が行われることを予防するために採られる措置について見込まれる効果その他厚生労働省令で定める事項を勘案しなければならない。

（児童虐待を受けた児童等に対する支援）

第十三条の二　市町村は、児童福祉法第二十四条第三項の規定により保育所に入所する児童を選考する場合には、児童虐待の防止に寄与するため、特別の支援を要する家庭の福祉に配慮をしなければならない。

2　国及び地方公共団体は、児童虐待を受けた児童がその年齢及び能力に応じ充分な教育が受けられるようにするため、教育の内容及び方法の改善及び充実を図る等必要な施策を講じなければならない。

3　国及び地方公共団体は、居住の場所の確保、進学又は就業の支援その他の児童虐待を受けた者の自立の支援のための施策を講じなければならない。

（資料又は情報の提供）

第十三条の三　地方公共団体の機関は、市町村長、都道府県の設置する福祉事務所の長又は児童相談所長から児童虐待に係る児童又はその保護者の心身の状況、これらの者の置かれている環境その他児童虐待の防止等に係る当該児童、その保護者その他の関係者に関する資料又は情報の提供を求められたときは、当該資料又は情報について、当該市町村長、都道府県の設置する福祉事務所の長又は児童相談所長が児童虐待の防止等に関する事務又は業務の遂行に必要な限度で利用し、かつ、利用することに相当な理由があるときは、これを提供することができる。ただし、当該資料又は情報を提供することによって、当該資料又は情報に係る児童、その保護者その他の関係者又は第三者の権利利益を不当に侵害するおそれがあると認められるときは、この限りでない。

（都道府県児童福祉審議会等への報告）
第十三条の四　都道府県知事は、児童福祉法第八条第二項に規定する都道府県児童福祉審議会（同条第一項ただし書に規定する都道府県にあっては、地方社会福祉審議会）に、第九条第一項の規定による立入り及び調査又は質問、臨検等並びに児童虐待を受けた児童に行われた同法第三十三条第一項又は第二項の規定による一時保護の実施状況、児童の心身に著しく重大な被害を及ぼした児童虐待の事例その他の厚生労働省令で定める事項を報告しなければならない。

（親権の行使に関する配慮等）
第十四条　児童の親権を行う者は、児童のしつけに際して、その適切な行使に配慮しなければならない。
2　児童の親権を行う者は、児童虐待に係る暴行罪、傷害罪その他の犯罪について、当該児童の親権を行う者であることを理由として、その責めを免れることはない。

（親権の喪失の制度の適切な運用）
第十五条　民法（明治二十九年法律第八十九号）に規定する親権の喪失の制度は、児童虐待の防止及び児童虐待を受けた児童の保護の観点からも、適切に運用されなければならない。

（大都市等の特例）
第十六条　この法律中都道府県が処理することとされている事務で政令で定めるものは、地方自治法（昭和二十二年法律第六十七号）第二百五十二条の十九第一項の指定都市（以下「指定都市」という。）及び同法第二百五十二条の二十二第一項の中核市（以下「中核市」という。）並びに児童福祉法第五十九条の四第一項に規定する児童相談所設置市においては、政令で定めるところにより、指定都市若しくは中核市又は児童相談所設置市（以下「指定都市等」という。）が処理するものとする。この場合においては、この法律中都道府県に関する規定は、指定都市等に関する規定として指定都市等に適用があるものとする。

（罰則）
第十七条　第十二条の四第一項の規定による命令（同条第二項の規定により同条第一項の規定による命令に係る期間が更新された場合

における当該命令を含む。）に違反した者は、一年以下の懲役又は百万円以下の罰金に処する。

　　　附　　則　抄
　　（施行期日）
第一条　この法律は、公布の日から起算して六月を超えない範囲内において政令で定める日から施行する。ただし、附則第三条中児童福祉法第十一条第一項第五号の改正規定及び同法第十六条の二第二項第四号の改正規定並びに附則第四条の規定は、公布の日から起算して二年を超えない範囲内において政令で定める日から施行する。
　　（検討）
第二条　児童虐待の防止等のための制度については、この法律の施行後三年を目途として、この法律の施行状況等を勘案し、検討が加えられ、その結果に基づいて必要な措置が講ぜられるものとする。

　　　附　　則（平成一三年一二月一二日法律第一五三号）抄
　　（施行期日）
第一条　この法律は、公布の日から起算して六月を超えない範囲内において政令で定める日から施行する。
　　（処分、手続等に関する経過措置）
第四十二条　この法律の施行前に改正前のそれぞれの法律（これに基づく命令を含む。以下この条において同じ。）の規定によってした処分、手続その他の行為であって、改正後のそれぞれの法律の規定に相当の規定があるものは、この附則に別段の定めがあるものを除き、改正後のそれぞれの法律の相当の規定によってしたものとみなす。
　　（罰則に関する経過措置）
第四十三条　この法律の施行前にした行為及びこの附則の規定によりなお従前の例によることとされる場合におけるこの法律の施行後にした行為に対する罰則の適用については、なお従前の例による。
　　（経過措置の政令への委任）
第四十四条　この附則に規定するもののほか、この法律の施行に関し必要な経過措置は、政令で定める。

　　　附　　則（平成一五年七月一六日法律第一二一号）抄
　　（施行期日）
第一条　この法律は、平成十七年四月一日から施行する。

　　　附　　則（平成一六年四月一四日法律第三〇号）抄
　　（施行期日）
第一条　この法律は、平成十六年十月一日から施行する。ただし、第二条の規定は児童福祉法の一部を改正する法律（平成十六年法律第百五十三号）附則第一条第三号に掲げる規定の施行の日から、附則第三条の規定は同法の施行の日から施行する。
　　（検討）
第二条　児童虐待の防止等に関する制度に関しては、この法律の施行後三年以内に、児童

の住所又は居所における児童の安全の確認又は安全の確保を実効的に行うための方策、親権の喪失等の制度のあり方その他必要な事項について、この法律による改正後の児童虐待の防止等に関する法律の施行状況等を勘案し、検討が加えられ、その結果に基づいて必要な措置が講ぜられるものとする。

　　　附　　則（平成一六年一二月三日法律第一五三号）抄

（施行期日）

第一条　この法律は、平成十七年一月一日から施行する。ただし、次の各号に掲げる規定は、当該各号に定める日から施行する。

三　第二条（次号に掲げる改正規定を除く。）並びに附則第三条、第四条、第六条及び第十条（次号に掲げる改正規定を除く。）の規定　平成十七年四月一日

四　第二条中児童福祉法第五十九条の四の改正規定及び附則第十条中児童虐待の防止等に関する法律（平成十二年法律第八十二号）第十六条の改正規定　平成十八年四月一日

　　　附　　則（平成一七年一一月七日法律第一二三号）抄

（施行期日）

第一条　この法律は、平成十八年四月一日から施行する。ただし、次の各号に掲げる規定は、当該各号に定める日から施行する。

一　附則第二十四条、第四十四条、第百一条、第百三条、第百十六条から第百十八条まで及び第百二十二条の規定　公布の日

二　第五条第一項（居宅介護、行動援護、児童デイサービス、短期入所及び共同生活援助に係る部分を除く。）、第三項、第五項、第六項、第九項から第十五項まで、第十七項及び第十九項から第二十二項まで、第二章第一節（サービス利用計画作成費、特定障害者特別給付費、特例特定障害者特別給付費、療養介護医療費、基準該当療養介護医療費及び補装具費の支給に係る部分に限る。）、第二十八条第一項（第二号、第四号、第五号及び第八号から第十号までに係る部分に限る。）及び第二項（第一号から第三号までに係る部分に限る。）、第三十二条、第三十四条、第三十五条、第三十六条第四項（第三十七条第二項において準用する場合を含む。）、第三十八条から第四十条まで、第四十一条（指定障害者支援施設及び指定相談支援事業者の指定に係る部分に限る。）、第四十二条（指定障害者支援施設等の設置者及び指定相談支援事業者に係る部分に限る。）、第四十四条、第四十五条、第四十六条第一項（指定相談支援事業者に係る部分に限る。）及び第二項、第四十七条、第四十八条第三項及び第四項、第四十九条第二項及び第三項並びに同条第四項から第七項まで（指定障害者支援施設等の設置者及び指定相談支援事業者に係る部分に限る。）、第五十条第三項及び第四項、第五十一条（指定障害者支援施設及び指定相談支援事業者に係る部分に限る。）、第七十条から第七十二条まで、第七十三条、第七十四条第二項及び第七十五条（療養介護医療及び基準該当療養介護医療に係る部分に限る。）、第二章第四節、第三章、

第四章（障害福祉サービス事業に係る部分を除く。）、第五章、第九十二条第一号（サービス利用計画作成費、特定障害者特別給付費及び特例特定障害者特別給付費の支給に係る部分に限る。）、第二号（療養介護医療費及び基準該当療養介護医療費の支給に係る部分に限る。）、第三号及び第四号、第九十三条第二号、第九十四条第一項第二号（第九十二条第三号に係る部分に限る。）及び第二項、第九十五条第一項第二号（第九十二条第二号に係る部分を除く。）及び第二項第二号、第九十六条、第百十条（サービス利用計画作成費、特定障害者特別給付費、特例特定障害者特別給付費、療養介護医療費、基準該当療養介護医療費及び補装具費の支給に係る部分に限る。）、第百十一条及び第百十二条（第四十八条第一項の規定を同条第三項及び第四項において準用する場合に係る部分に限る。）並びに第百十四条並びに第百十五条第一項及び第二項（サービス利用計画作成費、特定障害者特別給付費、特例特定障害者特別給付費、療養介護医療費、基準該当療養介護医療費及び補装具費の支給に係る部分に限る。）並びに附則第十八条から第二十三条まで、第二十六条、第三十条から第三十三条まで、第三十五条、第三十九条から第四十三条まで、第四十六条、第四十八条から第五十条まで、第五十二条、第五十六条から第六十条まで、第六十二条、第六十五条、第六十八条から第七十条まで、第七十二条から第七十七条まで、第七十九条、第八十一条、第八十三条、第八十五条から第九十条まで、第九十二条、第九十三条、第九十五条、第九十六条、第九十八条から第百条まで、第百五条、第百八条、第百十条、第百十二条、第百十三条及び第百十五条の規定　平成十八年十月一日

（罰則の適用に関する経過措置）

第百二十一条　この法律の施行前にした行為及びこの附則の規定によりなお従前の例によることとされる場合におけるこの法律の施行後にした行為に対する罰則の適用については、なお従前の例による。

（その他の経過措置の政令への委任）

第百二十二条　この附則に規定するもののほか、この法律の施行に伴い必要な経過措置は、政令で定める。

　　　附　則（平成一八年六月七日法律第五三号）抄

（施行期日）

第一条　この法律は、平成十九年四月一日から施行する。ただし、次の各号に掲げる規定は、当該各号に定める日から施行する。

一　第百九十五条第二項、第百九十六条第一項及び第二項、第百九十九条の三第一項及び第四項、第二百五十二条の十七、第二百五十二条の二十二第一項並びに第二百五十二条の二十三の改正規定並びに附則第四条、第六条、第八条から第十条まで及び第五十条の規定　公布の日

二　第九十六条第一項の改正規定、第百条の次に一条を加える改正規定並びに第百一条、第百二条第四項及び第五項、第百九条、第

百九条の二、第百十条、第百二十一条、第百二十三条、第百三十条第三項、第百三十八条、第百七十九条第一項、第二百七条、第二百二十五条、第二百三十一条の二、第二百三十四条第三項及び第五項、第二百三十七条第三項、第二百三十八条第一項、第二百三十八条の二第二項、第二百三十八条の四、第二百三十八条の五、第二百六十三条の三並びに第三百十四条第一項の改正規定並びに附則第二十二条及び第三十二条の規定、附則第三十七条中地方公営企業法（昭和二十七年法律第二百九十二号）第三十三条第三項の改正規定、附則第四十七条中旧市町村の合併の特例に関する法律（昭和四十年法律第六号）附則第二条第六項の規定によりなおその効力を有するものとされる同法第五条の二十九の改正規定並びに附則第五十一条中市町村の合併の特例等に関する法律（平成十六年法律第五十九号）第四十七条の改正規定　公布の日から起算して一年を超えない範囲内において政令で定める日

　附　則（平成一九年六月一日法律第七三号）抄
　（施行期日）
第一条　この法律は、平成二十年四月一日から施行する。
　（検討）
第二条　政府は、この法律の施行後三年以内に、児童虐待の防止等を図り、児童の権利利益を擁護する観点から親権に係る制度の見直しについて検討を行い、その結果に基づいて必要な措置を講ずるものとする。

■ 執筆者紹介

奥山 眞紀子	国立成育医療センター こころの診療部　医師	（1章―1、2章）
渡辺　好恵	さいたま市保健所　保健師	（1章―2）
浅井　春夫	立教大学コミュニティ福祉学部　教員	（1章―3、3章―1）
佐藤　協子	聖学院大学人間福祉学部　教員	（3章―2）
大塚　陽子	埼玉県埼葛北福祉保健総合センター（幸手保健所）保健師	（3章―2）
平野　朋美	埼玉県立小児医療センター　ソーシャルワーカー	（3章―2）
海老原夕美	海老原法律事務所　弁護士	（3章―3）
平野　修司	埼玉県南児童相談所　児童心理司	（4章―1）
黒田　敏枝	埼玉県越谷保健所　保健師	（4章―2）
西村　説子	特定非営利活動法人「青い空―子ども・人権・非暴力」CAPスペシャリスト	（5章―1）
安達倭雅子	埼玉子どもの虐待110番　電話相談員	（5章―2）
中板　育美	国立保健医療科学院　公衆衛生看護部　主任研究官	（5章―3）

特定非営利活動法人　**埼玉子どもを虐待から守る会**　事務局
〒336-0001　埼玉県さいたま市常盤 3-18-20 北浦和駅前郵便局留
TEL & FAX　048-835-2698
電話相談　毎週月～金曜日　午前10時～午後4時
電話番号　048-835-2699

【新版】保育者・教師のための子ども虐待防止マニュアル

2008年8月10日　　新版発行

編　者　　奥山眞紀子
　　　　　浅井　春夫
発行者　　名古屋研一
発行所　㈱ひとなる書房
東京都文京区本郷 2-17-13
電　話　03(3811)1372
Ｆ ＡＸ　03(3811)1383
e-mail:hitonaru@alles.or.jp

Ⓒ　2008　　印刷／モリモト印刷株式会社
＊落丁本、乱丁本はお取り替えいたします。